인사 14년 차가 말하는

인터넷과 이론서에 없는 인사(HR)

Rebound 지음

인사 14년 차가 말하는

인터넷과 이론서에 없는 인사(HR)

발 행 | 2020-05-26

저 자 | rebound

펴낸이 | 한건희

펴낸곳 | 주식회사 부크크

출판사등록 | 2014.07.15(제2014-16호)

주 소 | 서울 금천구 가산디지털1로 119, A동 305호

전 화 | 1670 - 8316

이메일 | info@bookk.co.kr

ISBN | 979-11-372-0749-3

본 책은 브런치 POD 출판물입니다.

https://brunch.co.kr
www.bookk.co.kr

프롤로그

저는

인사를 전문적으로 배운 적이 없습니다. 대학에서 호텔관광경영학을 전공하고 2004년 공기업에서 인사담당자로 사회 생활을 시작했습니다. 공기업이지만, 사수가 삼성 그룹 출신의 인사 경력직이어서 인사의 기초를 괜찮게 다질 수 있었습니다. 사실 공기업은 순환 보직이기 때문에 전임자에게 인수인계를 받는 수준이라 '사수'라는 개념은 조금 부족합니다.

가족, 주변 지인들 모두 말렸지만 공기업을 퇴사했습니다. 사기업의 인사를 배우고 싶은 마음이 커서 공기업을 떠났지만, 사기업을 겪고 나니 철없었다는 생각이 들었습니다. 다행인 것은 사기업에서 근무하면서 와이프를 만났다는 것입니다. 와이프를 만난 것은 제 인생 최고의 행운입니다.

컨설팅, 건설, IT 등 여러 사기업을 경험하며 인사에 대한 경험치를 높였습니다. 공기업에서 인사행정 위주로 업무를 한 반면 사기업에서는 인사기획에서 노무까지 깊고 다양한 업무를 수행했습니다.

공기업의 인사는 명확한 용어 정의를 근간으로 하는 규정 중심의 인사입니다. 사기업은 용어 정의를 잘 안 하는 반면 공기업은 오해의 여지가 없도록 단어 하나 하나를 정의하고 업무를 시작합니다. (특별한 경우가 아니면 인사규정과 같은 내부 규정에 정의되어 있습니다.) 또한 인사 제도를 매년 변경하는 경우가 없습니다. '안정'을 지향하는 공공기관의 성격이 제도 운영에도 반영되어 있는 것이죠.

사기업은 살아남기 위해 성장해야 하고 변화해야 합니다. 이 관점에서 보면 대부분의 용어 정의는 상식에 맡깁니다. 목표 달성을 위해 필요한 것에 집중하는 것은 사기업에게 무엇보다 중요합니다. 인사제도를 기획하고 운영하는 목적은 당연히 회사 성장이자 목표 달성입니다.

통계청의 데이터를 보면 30인 미만 기업의 76%는 창업 3년 이내, 4~7년 이내 17%가 폐업한다고 합니다. 인원으로는 1~5인으로 사업을 시작하는 비율이 70%입니다. 5인 이하로 창업을 해서 3년 이내 폐업할 확률이 상당히 높습니다.

저의 창/폐업 경험으로 비추어 볼 때, 폐업의 가장 큰 이유는 사람입니다. 작은 회사일수록 한 명이 담당하는 역할이 많기 때문에 누군가 한 명이 초심을 잃거나 한 명이라도 잘 못 채용하면 회사에 끼치는 영향은 엄청납니다.

제가 인사를 도와드린 약 60여 소기업 대표님들이 항상 하는 말은 '믿고 맡길 만한 사람이 없다.' 입니다. 이 말은 대기업 대표, 임원, 심지어 팀장급에서도 나오는 말입니다. 어떤 사람이 믿고 맡길 만한 사람일까요? 정답은 '주인의식을 가지고 일하는 사람'입니다.

주인의식은 「일이나 단체 따위에 대하여 주체로서 책임감을 가지고 이끌어 가야 한다는 의식」입니다. 주인의식이 있는 사람은 '일을 되게 만드는 사람'입니다. 주인의식이 있는 사람이 회사에 가득하다면 어떨까요? 성장을 거듭하는 회사가 될 것입니다.

이 책의 40%는 인사담당자로서 주인의식을 어떻게 풀어갈 것인지를 담고 있습니다. 30%는 이상적인 인사제도의 문제를 어떻게 해결할 수 있는지, 나머지 30%는 실사례로 채워져 있습니다. 책의 내용은 어느 이론서에나 있을 법한 내용과 인터넷에 떠돌아 다니는 자료는 지양하고 실무에 필요한 내용과 실무자의 고민만 담으려 노력했습니다.

2019년 초 인사 책을 쓰겠다는 목표를 세우고 주변 지인들에게 신나게 떠들었지만 속으로는 '내가 뭘 안다고 책을 쓰지?' 걱정했습니다. 조금씩 쓰다 보니 1년이 지나고 오늘이 왔습니다. 제가 책을 쓰다니 정말 신기합니다.

2020년 초
rebound

목차

003 프롤로그

010 인사는 무엇일까

1장 채용

015 **어느 회사나 사람 뽑기 어렵다.**

로열티를 검증하는 방법, 믿고 맡길 수 있는 사람은 주인정신이 있는 사람, 현실적 한계로 사람 뽑기 어렵다, 과거 성과와 잘할 가능성 검증, 그래도 사람 뽑기 어려움

032 **우리 모두는 지원자였다.**

지원자에게 무심한 회사, 지원자의 궁금함은 최소한으로

039 **지원하고 싶게 만드는 채용 공고와 지원서**

본문을 보고 싶게 만드는 제목, 계속 보고 싶게 만드는 본문, 작성하고 싶게 만드는 지원서

049 **최악의 면접관**

고압적인 자세, 삐딱하게 쳐다보고 비아냥 거리기, 당당하게 성희롱하기, 다짜고짜 반말하기, 지원자를 판단할 수준이 안 되는

054 **무조건 뽑다 보면 오는 구조 조정**

원인은 현업 중심의 채용, 인사만의 논리 만들기

062 **간단하게 보는 채용 실무**

프로세스, 채용 기획, 채용 니즈 확인, 채용 홍보

071 **성장 가능성에서 내 사람이 될 가능성으로**

2장 평가/보상

075 평가/보상은 왜 할까

자신만의 답을 찾는 방법과 추천 도서

079 한 단계 성장하고 싶은 대표님과 미팅

목표 수립, 중간 피드백, 평가, 동기부여

097 다면평가, 동료평가

누가 누구를, 어떤 것을

100 적당한 급여 수준을 찾는 쉬운 방법

급여 수준 조사 방법 4가지와 사례

107 이상한 평가와 보상

인정할 수 없는 평가 결과, 같은 S인 데 나는 조금 인상됐다, 선배 보다 많이 받는
후배, 경력직 연봉 이렇게 하면 어떨까요

114 간단하게 보는 평가/보상 실무

프로세스, 세부 내용, 승진, 연봉 조정, 인센티브

124 평가는 등급을 남기고, 보상은 잔고를 남긴다

3장 그 외 인사

131 기본 노무관리

근로계약서 만들기, 취업규칙 만들고 신고하기, 노무법인 선정, 노무 이슈에서 노무
사에게 자문 받을 부분

142 실제 상황

불륜 행위를 회의실에서 저질렀어요, 직원 부인이 회사에 쳐들어 왔어요, 직원이 일반인 성폭행 미수로 경찰서에 잡혀 있어요, 인사 부서장이 언어/시각 성희롱해요, 회식 자리에서 상사가 여직원을 끌어 안고 사귀자고 했어요, 선배 남자 직원이 후배 남자 직원을 회사에서 백허그해요, 정년퇴직 예정인 직원이 업무시간에 회사에서 야동을 봐요, 직원들이 회식 중에 몸싸움을 했어요.

146 4인 이하 사업장 노무관리 (모든 사업장 적용)

152 간략하게 보는 정부지원금

160 법정 의무교육 셀프/무료로 진행하기

162 회사 성장을 위한 복리후생

전략적인 복리후생, 복리후생 개선 사례

168 2주 안에 끝내는 직무분석과 역량모델링

4장 대표님의 고민

181 직원이 자꾸 퇴사해요.

퇴사 유발자의 존재, 비전이 없다, 체계가 없다(주먹구구식 이다)

193 부서장이 하는 일이 없이, 부서 성과에 무임승차해요.

인사는 무엇일까

사람의 마음을 다루는 일

인사는 사람의 마음을 다루는 일입니다. 사람의 마음을 다루다니 심리 상담사, 정신과의사 등을 생각할 수 있는 데요. 맞습니다. 인사담당자는 회사의 전담 심리상담사라고 생각해야 합니다. 인사를 행정 업무 또는 주어진 일만 하는 것으로 받아들이면 일하기 힘들고 성장하는 데 한계가 있습니다. 인사담당자는 임직원의 고충과 함께하고 임직원이 원할 때 그들이 만족할 때까지 들어주고 공감하고 필요하면 인사 제도에 반영해야 합니다.

인사의 고객은 모든 임직원입니다. 그 이유는 인사(人事)라는 단어를 보면 알 수 있습니다. 人에 포함된 사람은 회사의 특정인이 아닌 모든 임직원임을 잊으면 안됩니다. 가끔 경영층만 바라보고 인사 업무를 하는 사람이 있습니다. 그런 사람은 인사를 권력으로 생각하고 경영층 이외에는 존중하지 않는 경향이 있습니다.

인사팀장을 포함한 인사 부서원이 1년을 못 버티고 퇴사하거나 해고당하는 회사를 다닌 적 있었습니다. 인사 부서원의 잦은 퇴사로 직원들이 입는 가장 큰 피해는 연봉 인상 시즌에 발생했습니다. 조정할 때마다 내년에는 꼭 챙기겠다 약속한 인사팀장, 담당자가 퇴사해서 계속 '내년에는 ..'이 몇 년째 반복되고 있었습니다. 저 또한 1년 후 연봉 협상 시즌까지 재직이 불투명한 상태여서 할 수 있는 게 별로 없었습니다. 할 수 있는 것은 직원들의 사정이 잊혀지지 않도록 기록으로 남기는 것 정도였습니다. 연봉 계약 마무리쯤 전 직원의 연봉 인상 히스토리, 성과가 평균 이상이지만 연봉이 평균 미만인 직원 리스트를 정리해서 대표님에게 전달했습니다. 다행히 리스트의 대부분 직원이 추가 인상되었습니다.

때로 마음만으로는 상대방에게 진심을 전하기가 어렵습니다. 진정한 소통을 원한다면 진심을 전하는 기술이 더해져야 합니다. 속마음은 그렇지 않더라도 말을 잘못해서 오해와 원망이 생기는 경우가 너무나 많기 때문입니다. 커뮤니케이션 전문가들은 말로서 감정을 전달하는 것은 7퍼센트밖에 되지 않는다고 합니다. 나머지 93퍼센트는 눈빛, 말투, 억양, 태도 등으로 전달됩니다.

행동이나 태도도 소통에 많은 영향을 미칩니다. 직원들에게 "출근 시간 지키세요."라고 말하면서 자신은 지각하거나, "10시 부터 12시까지는 집중 근무시간입니다."라고 말하면서 자신은 그 시간에 자리를 비운다면, 직원은 말보다는 행동을 주목하고 부당하다 생각합니다.

　진정한 소통은 단지 말을 하는 요령이 아닙니다. 진정한 마음을 담고, 표정과 행동과 태도로 온몸으로 소통하는 것입니다.

1장

채 용

회사는 내 사람이 될 가능성이 높은 사람을 채용한다.

어느 회사나 사람 뽑기 어렵다

공기업 인사담당자 김과장은 공채를 앞두고 긴장돼서 불면증이 도졌습니다. 공기업 채용이다 보니 대내외에서 보는 시선이 많기 때문입니다. 몇 년 부터 도입된 블라인드 채용으로 3명 채용에 소요되는 시간만 3달에 비용은 약 8천만원 가량됩니다. 블라인드 채용으로 다양한 인재가 채용되기도 하지만 서류 심사 등을 외주로 하다 보니 우리 회사에 적합하지 않은 사람이 채용되기도 하고 비용이 많이 듭니다. 또한 채용이 끝나고 나면 감사까지 받아야 해서 챙겨야 할 서류도 한 두개가 아닙니다. 채용을 하고 입사라도 잘 하면 다행인 데, 1~2명은 대기업이나 외국계로 갈게 뻔합니다.

대기업 L사의 채용담당자 세연씨는 신입사원 공채 최종합격자 230명에게 최종합격 통보를 했습니다. 이 후에 세연씨가 할 일은 입사 포기를 최소화하는 것입니다. 이를 위해 합격자 집에 케익, 노트북, 사원증, 명함, 기프트 카드 등도 보내고 동문 선배 사원이 멘토로 활동하도록 지원하지만 그래도 입사포기자가 나올 거라 세연씨는 걱정됩니다. 입사포기자는 대부분 채용순위 상위권이며, 경쟁사에 입사하기 때문에 놓치는 것이 아깝게 느껴집니다. 또한 입사포기자를 최소화하는 것은 세연씨의 KPI 중 하나입니다.

B 중견기업 인사팀장 수진씨는 경력직과 연봉 협상 문제에 늘 어려움을 겪습니다. 경영층에서 원하는 인재는 대기업 경력에 SKY 출신이어야 하는데, 그런 사람들의 희망연봉은 우리 회사의 연봉테이블을 벗어나 있기 때문입니다. 경영층에서는 채용하라고 하지만, 경험상 스펙이 업무 능력과 장기 재직을 보장해 주는 것이 아니라는 것을 수진씨는 잘 알고 있습니다. 기존 직원들이 느끼는 상대적 박탈감도 문제입니다.

직원 300인 규모의 회사 채용담당자 민호씨는 잦은 수시 채용으로 정신 없습니다. 누가 괜찮은 지 검토할 틈도 없이 말 그대로 '뽑기' 바쁩니다. 좀 큰 회사는 한다는 채용 검증 툴이니 그런 것은 신경 쓰지 못합니다. 서류 접수되면 현업에 토스하고 면접 진행하고 무한 반복입니다. 퇴근할 때면 이렇게 채용하는 게 맞는 건가 싶을 때도 있지만 다시 하루가 시작되면 똑 같습니다.

직원 4명의 박대표님은 채용 때문에 고민입니다. 회사 체계를 갖출 사람을 찾고 싶은 데 그런 것을 할 사람은 우리 회사가 너무 작아서 오고 싶어하지 않습니다. 그럭저럭 마음에 드는 사람도 데려오려면 원하는 연봉이 높아서 부담스럽습니다. 신입을 한 명 채용하고 기존 직원을 키울까 생각해서 직원들에게 제안해 봐도 아무도 관심이 없습니다.

잘 나가는 스타트업 대표 준호씨는 직원 모집 공고를 만들었습니다. 다른 스타트업처럼 스톡옵션에, 간식, 자유로운 분위기, 수평적인 문화, 성장할 기회 등을 강조하고 채용 분야에 업무 경험, 열정이 있는 사람을 찾는다는 내용으로 공고를 이쁘게 디자인 했습니다. 하지만 실상은 온갖 업무를 할 수 있고 야근을 당연하게 생각하고 월급 밀려도 웃어 넘길 수 있는 사람이 필요합니다. 직원에게 제공할 수 있는 게 한정되다 보니 채용하고 싶은 사람에게 멋있는 비전(뜬구름 잡는 이야기)만 말하는 것 같지만 스스로 비전을 이룰 거라 믿고 있습니다.

사람 뽑기 어려운 것은 모든 회사가 같습니다. 대기업이고 많이 알려진 회사면 채용이 쉬울 것 같지만 중소기업과 다른 이유로 사람 뽑기 어려워합니다. 높은 연봉, 좋은 복리후생, 근무환경을 갖추고 있어도 더 매력적인 조건은 원하는 사람을 채용하기 어렵게 만듭니다. 사람 뽑기 어렵다는 말은 원하는 인원수의 문제가 아닌 원하는 사람을 채용하지 못할 때 사용합니다. 원하는 사람은 누구일까요? 채용하려고 결정한 시점에 회사에 필요한 역량을 가지고 있는 사람입니다.

무엇을 기준으로 원하는 사람을 채용할 것인가

회사는 공식적으로 인재상, 핵심가치, 역량, 성장가능성 등으로 원하는 사람을 표현하지만 규모/업종/직종과 무관하게 대표님이 원하는 사람은

'믿고 일을 맡길 만한 사람'입니다. 비슷한 말로 '내 사람이 될 사람'이 있습니다. 대표님의 이런 생각을 이해하는 인사담당자가 얼마나 될까요? 어쩌면 '직원'이 이해할 수 없는 영역의 것 일지도 모릅니다.

내 사람이 될 가능성을 검증하는 방법은 로열티를 검증하는 것으로 대체할 수 있습니다. 입사 전인 사람의 로열티를 검증하는 것이 이상하지만 다음 세 가지로 로열티를 나누면 검증 가능성을 발견할 수 있습니다.

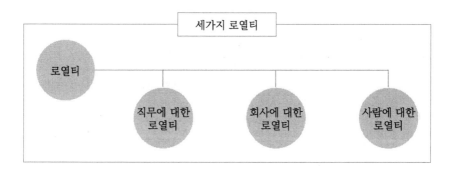

로열티를 검증하는 방법

직무에 대한 로열티 검증

수행하는 직무 그 자체에 대한 로열티를 의미합니다. 이 로열티가 높은 사람을 나타내는 단어로는 성과지향, 전문가 등이 있으며 이들은 자신이 하는 업무, 지식, 경험 등을 말하는 것을 좋아합니다. 기존의 직무 전문성을 검증하는 방식을 조금만 보완하면 전문성을 넘어서 직무 로열티까지 검증 가능합니다. '업무 지식, 수행 업무의 구체적 묘사와 추후 과제/계획/개선점이 무엇이었는가'라는 포인트로 검증합니다. 이 검증포인트는 활용하기에 따라 서류전형과 면접, 모두 사용할 수 있습니다.

예) 채용담당자 채용 시

① 본인이 운영한 채용 프로세스에 대해 설명 부탁드려요.

② 운영하면서 발생했던 이슈와 본인의 해결 방법, 이슈 방지 조치를 설명해 주세요.

③ 채용 업무에 대한 본인만의 노하우 또는 개선 계획 등이 있다면 설명해 주세요.

회사에 대한 로열티 검증

지원한 회사 그 자체에 대한 로열티를 의미합니다. 이 로열티는 회사에 대한 관심과 열정으로 나타납니다. 이 로열티는 OO인, OO맨과 같은 표현으로 어느정도 만들 수 있습니다. 회사 로열티가 높은 사람은 회사명 또는 회사를 상징하는 것을 좋아합니다. 검증하는 방법은 회사에 대한 관심과 열정을 바탕으로 회사를 이해하고 본인이 할 수 있는 무언가를 생각하고 있는가를 확인하는 것입니다.

예) 인사담당자 채용 시

① 우리 회사에 대해 알아보고 오신 것 말씀 부탁해요.

② 지원자 분이 생각하기에 우리 회사에는 어떤 이슈가 발생할 것 같나요?

③ 말씀하신 이슈를 해결하고 회사를 더 좋게 만들 계획이 있나요?

사람에 대한 로열티 검증

특정인과 함께 근무하거나 특정인이 근무했던 회사에 근무하는 것으로 만들어지는 로열티입니다. 이 로열티가 높은 사람은 특정인의 성공을 자신의 성공과 동일시하며 특정인을 따라 이직하는 경향이 있습니다. 이들은 특정인을 자랑스럽게 여깁니다. 이 로열티는 회사 로열티와 주인정신으로 발전 가능성이 있어야 가치가 있습니다. 검증하는 방법은 뒤에 나오는 GRIT 테스트로 가능합니다.

주인정신이 있는 사람

주인정신은 회사를 위해 끊임없이 고민하고 새로운 변화혁신을 가능하게 만듭니다. 주인정신이 있는 사람은 회사의 큰 것부터 작은 것까지 소중하게 생각하고 행동합니다. 회사 예산을 계획적으로 사용하여 쓸 돈만 쓰고, 스테이플러 심 하나, 클립 하나 아껴 사용하고 재활용합니다. 처음부터 주인정신이 있는 사람을 채용하는 것은 불가능에 가깝지만 주인정신을 가질 가능성이 높은 사람을 가려낼 수는 있습니다. 주인정신은 GRIT 테스트(도서 GRIT, 엔젤라 더크워스)와 추가 질문을 활용하여 검증 가능합니다.

GRIT은 열정과 집념이 있는 끈기

열정은 멀리 목표를 두고 일하고, 이후의 삶을 적극적으로 준비하며 확고한 목표를 향해 노력하는 정도입니다. 열정은 단순한 변덕으로 과제를 포기하지 않으며, 새로움 때문에 다른 일을 시작하지 않는 성향입니다. 끈기는 의지력과 인내심의 정도로 한 번 결정한 사항을 조용히 밀고 나가는 결단력이며, 장애물 앞에서 과업을 포기하지 않는 성향으로 집요함, 완강함으로 표현할 수 있습니다.

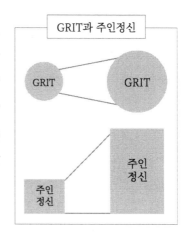

GRIT이 높은 구성원은 악조건에서도 목표를 달성하기 위해 지속적으로 노력하는 성향을 보입니다. 실제로 미 특수부대 선발, 미 육군 사관학교 생도들을 선발할 때 GRIT 지수를 사용합니다. GRIT 지수가 높을수록 훈련에서 중도 탈락하지 않고 끝까지 임하며, 더 우수함이 증명되었습니다. GRIT은 열정과 끈기의 강도(强度)보다 지속성(持續性)을 더 중시합니다. GRIT을 검증하기 위한 질문은 다음과 같으니 면접 전 작성하여 면접에서 추가 질문하는 방식으로 사용하기 바랍니다.

GRIT 검증

5점 평가 (전혀 그렇지 않다 | 그렇지 않다 | 그런 편이다 | 그렇다 | 매우 그렇다)

1. 나는 새로운 아이디어와 프로젝트 때문에 기존의 것에 소홀해진 적이 있다.
2. 나는 실패해도 실망하지 않는다, 나는 쉽게 포기하지 않는다.

3. 나는 한 가지 목표를 세워놓고 다른 목표를 추구한 적이 종종 있다.

4. 나는 노력가다.

5. 나는 몇 개월 이상 걸리는 일에 계속 집중하기 힘들다.

6. 나는 뭐든 시작한 일은 반드시 끝낸다.

7. 나의 관심사는 해마다 바뀐다.

8. 나는 성실하다. 나는 결코 포기하지 않는다.

9. 나는 어떤 아이디어나 프로젝트에 잠시 사로 잡혔다가 얼마 후에 관심을 잃은 적이 있다.

10. 나는 좌절을 딛고 중요한 도전에 성공한 적이 있다.

보통 사람은 평균 3점대이며, 높을수록 좋습니다. 홀수 질문은 열정, 짝수 질문은 끈기를 의미합니다. GRIT 점수가 높은 사람은 회복력이 강하며, 자신이 원하는 바가 무엇인지 매우 깊이 이해하며, 결단력과 나아갈 방향을 알고 있으며, 난생처음 하는 일을 강요하는 경우에도 절대 포기하지 않으며, 실패해도 계속하려는 의지가 있고 높은 목표를 될 때까지 하는 특징을 가지고 있습니다.

지원자는 가면(실제와는 다르게 자신을 더 좋게 포장하려는 언행)을 쓰고 채용 과정에 임합니다. 가면은 짧은 채용 과정에서 지원자를 검증하기 어렵게 만듭니다. 가면에 대처하면서 GRIT을 검증하는 방법은 추가 질문으로 GRIT 테스트 답변의 진실성을 확인하는 것입니다. 지원자는 면접 전에 수행한 GRIT 테스트를 자신이 어떻게 답변했는지 거의 잊어버리고 준비해 온 예상 질문을 되새기는 경향이 강합니다. 이 점을 파고든다면 어떨까요? 가면에 균열이 생기기 시작할 것이고 그것은 눈빛과 목소리의 떨림, 앞 뒤가 맞지 않는 답변으로 면접관이 알 수 있습니다.

1번의 추가 질문
- 당신은 완벽주의자인가요? 완벽주의자의 단점은 무엇인가요?
- 소홀해진 것에는 무엇이 있었나요?

2번의 추가 질문
- 당신에게 있어서 실패는 무슨 의미인가요? 무언가를 포기한 경우는 언제 인가요?
- 실패를 만회한 경우를 설명해 주세요.

3번의 추가 질문
- 본인이 세운 개인적이든 업무적이든 목표는 어떻게 관리하나요?
- 한 가지 목표를 세워놓고 다른 목표를 추구한 사례를 설명해 주세요.

4번의 추가 질문
- 당신이 노력가라고 생각한 이유는 무엇인가요?
- 당신은 어떤 경우에 노력을 하시나요? 노력은 어떻게 하나요?

5번의 추가 질문
- 당신이 집중하는 데 방해되는 것은 무엇이라고 생각하나요?
- 당신이 몇 개월 이상 집중해서 성과를 낸 경우를 설명해 주세요.

6번의 추가 질문

- 당신이 생각하는 끝낸다의 의미는 무엇인가요?
- 시작해서 끝낸 후의 성과를 설명해 주세요.

7번의 추가 질문
- 최근 3년간 당신의 관심사는 무엇인가요?
- 관심사가 바뀐(바뀌지 않은) 이유는 무엇일까요?

8번의 추가 질문
- 당신이 생각하기에 성실한 사람은 어떤 사람인가요?
- 성실하지 못한 사람을 보면 어떤 생각이 드나요?

9번의 추가 질문
- 당신을 사로잡은 아이디어나 프로젝트는 무엇인가요?
- 관심을 잃은 이유는 무엇인가요?

10번의 추가 질문
- 당신이 겪은 좌절과 성공한 도전은 무엇이었나요?
- 중요한 도전을 성공할 수 있었던 이유는 무엇인가요?

현실적인 한계로 사람 뽑기 어렵다

채용은 왜 할까요?

2013년 여름. 제가 속한 회사의 채용담당자에게 질문했습니다. 당시 인사 파트장으로써 파트원들에게 자신이 하는 일을 왜 하는지 자신만의 생각으로 한마디로 정의할 것을 파트원들에게 강조하고 생각하게 만들었습니다.

우물쭈물하던 채용담당자가 되묻습니다.

"채용은 왜 하나요?"

"채용은 가능성의 확보를 위해 해요. 가능성은 성장 가능성, 성과 가능성, 조직 융화 가능성 등을 포함해요. 그리고 채용담당자는 이 가능성을 높이는 사람이에요."

"왜 가능성인가요?"

"입사해서 함께 일하기 전까지는 그 사람이 어떨지 모르기 때문이죠."

회사는 채용을 더 잘하기 위해 채용 전략을 수립하고 프로세스를 개선하며 다양한 검증 기준을 만들고 검증 툴을 도입합니다. 또한 내부 직원을 채용심사자로 주기적으로 교육도 하고 경우에 따라 외부 전문가도 면접관으로 초빙합니다. 세부 기준과 프로세스는 다를 수 있지만 대부분의 회사는 서류 전형과 필기시험, 1~3회의 면접 등으로 채용 프로세스를 운영합니다.

이러한 과정의 목적은 회사에 들어올 만한 사람을 채용하는 데 있습니다. 하지만 정말 들어올 만한 사람을 채용했는지는 같이 일해봐야만 알 수 있습니다. 우수한 기획자, 컨설턴트가 기획하고 경험 많은 면접관이 면접을 봐도 마찬가지입니다. 입사해서 같이 일을 해봐야만 '잘 뽑았다.' 또는 '못 뽑았다.' 또는 '평범하다.' 평할 수 있습니다.

왜 그럴까요?

첫 번째, 채용 과정에 투입 시간 부족으로 제대로 지원자를 검증하기 못하기 때문입니다. 서류 검토와 면접 시간을 모두 합해도 한 명의 지원자를 검토하기 위해 들어가는 시간은 최대 4시간입니다. 짧은 경우 1시간 이내인 경우도 많습니다. 전형 단계로 나누면 더 짧은 시간이 됩니다. 그 시간 동안 지원자를 정확하게 판단하는 것은 무리입니다. 많은 시간을 투입하면 될 것으로 보이지만, 채용 과정에 참여하는 사람들도 본업이 있기 때문에 더 많은 시간을 할애하라고 하는 것은 무리입니다.

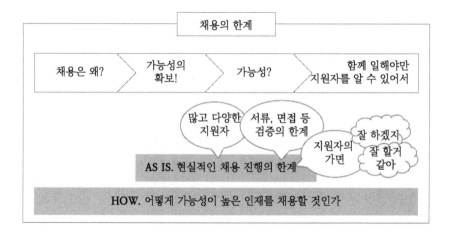

두 번째, 충분한 시간을 채용 과정에 사용해도 지원자의 가면에 속기 때문입니다. 지원자는 자신도 모르거나 의도적으로 자신의 평소 모습을 가면 속에 숨기고 지원서를 작성하고 인적성검사, 면접전형에 임합니다. 지원자가 회사에 더 잘 보이고 싶어서 가면을 쓰는 것은 당연합니다. 가면인지 아닌지 판단하는 것은 회사의 몫입니다. 회사가 지원자의 가면에 속게되면 채용하면 안 되는 사람을 채용하거나 채용해야 할 사람을 채용 못하는 채용 실패가 만들어집니다. 이 뿐만 아니라 연봉이 과하게 책정되는 연봉 협상 실패로 인건비 리스크가 쌓이게 됩니다.

채용에 신경을 많이 쓰는 회사일수록 위 두 가지를 개선하기 위해 많은 노력을 기울이지만, 아직까지 가능성은 함께 일해봐야만 확인할 수 있는 영역에 더 많이 속해 있습니다.

채용의 현실을 바꾸는 것은 불가능에 가깝습니다. 바꾸기보다는 현실적인 한계를 인지하고 최대한 가능성이 높은 인재를 채용하려는 노력을 하는 것이 더 현명한 방법입니다.

과거 성과와 잘할 가능성 검증

과거 수행업무, 경력, 출신학교는 지원자의 합격/불합격을 결정하는 데 가장 크게 작용합니다. 그 이유는 과거의 행적이 그 사람의 미래 성과를 담보할 것이라는 강한 믿음이 있기 때문입니다. 이 신뢰가 과대 포장된 성과와 지원자의 가면으로 만들어진 것이면 어떨까요? 과거에는 유능했지만 지금은 그만큼 의지와 열정이 없다면? 그 이상할 만한 역량을 갖추지 못했다면? 더 이상 과거의 기록을 신뢰하기 힘들어질 것입니다.

아무리 채용을 구조화하고 프로세스, 평가표를 개선해도 결국에는 서류와 면접 심사자의 직감에 의존할 수밖에 없습니다. AI를 이용한 심사도 결국 사람의 판단을 집약해서 결과를 만드는 것이라면 마찬가지 입니다.

만약 우수한 판단력을 지니지 못한 사람의 직감이라면 좋은 사람을 채용하는 것은 요원할 것입니다. 이를 보완하기 위해 과거 성과는 더 사실적으로 확인하고 미래 성과 가능성을 확인하기 위해 GRIT 테스트와 더 불어 인사이트 검증, 구체적인 계획을 확인하는 것이 좋습니다.

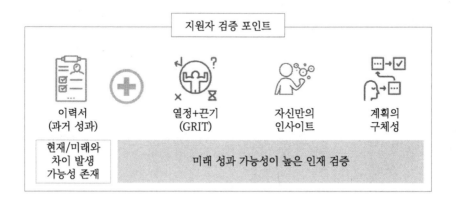

과거 성과는 현재 업무 역량 확인용

기존에 많은 회사가 하던 방식입니다. 이를 조금만 보완하면 됩니다.

첫 번째, 더 구체적으로 물어봐야 합니다. 지원자의 답변을 듣고 '그렇구나' 수준으로 느껴지는 것이 아니라 실제로 업무를 수행하는 지원자의 모습이 그려질 정도로 답변을 들어야 합니다. 평가 업무를 진행한 경우 평가자/피평가자는 어떻게 매핑했는지, 엑셀 함수는 주로 무엇을 사용했는지, 목표 설정 기간은 얼마를 주었는지, 평가자가 겸직하는 경우는 어떻게 했는지, 연중에 평가자가 바뀐 경우는 어떻게 했는지 등등 생각해 보면 다양합니다.

두 번째, 과거 성과물이 무엇이든(PPT, 엑셀, 품의서 등) 가져와서 설명할 것을 요구합니다. 그중에 이해 안 되거나 궁금한 부분이 있으면 완전히 이해될 때까지 질문하세요. 품의서인 경우 왜 이 날짜에 품의를 했는지, 더 빨리 상신할 수는 없었는지, 품의서의 결재라인은 어떻게 되는지, 품의서 내용을 하나하나 물어보는 것입니다. 심사자가 품의서를 결재한다는 마음으로 보고 질문하면 됩니다. 이와 같은 방법으로 신입도 구체적으로 물어보기를 추천합니다.

가능성은 GRIT, 인사이트, 계획의 구체성으로 검증

가능성은 앞의 GRIT 테스트와 추가 질문으로 대체합니다.

자신만의 인사이트는 본인이 담당할 일에 대해 얼마큼 깊은 고민과 경험을 가지고 있는지 확인하는 것이 목적입니다. 자신만의 인사이트가 있는 사람과 없는 사람의 성과는 당연히 차이가 있습니다. 인사이트는 논리적으로 옳고 인정할 만해야 합니다.

예)

① 인사는 무엇인가요?

- 인사는 만사다 같은 뻔한 대답도 자신만의 철학이 있다면 괜찮지만, 횡설수설하는 경우는 평소 본인만의 인사이트가 없으며 이는 별다른 고민 없이 업무를 수행하는 것과 같습니다.

② 당신이 생각하는 인사를 위해 한 일은 무엇인가요?

- 자신이 얻은 인사이트를 펼치기 위해 실행한 것을 확인하기 위한 질문입니다.

- 인사이트와 정렬 되는 몇 가지를 이야기 하는 대답은 괜찮지만, 그렇지 않은 경우는 그럴 듯한 인사이트를 말한 것이거나 실행력의 부족을 의심할 수 있습니다.

계획의 구체성은 입사 후 계획(또는 포부)에 해당합니다. 어떻게 하겠다는 입사 후 계획에 대해 실행 가능할 수준으로 구체적인 준비가 되어 있는지 확인합니다. 10년 후에 인사팀장이 되겠다는 인사팀 지원자에게 우리 회사는 10년 후에 인사팀장 될 수 없는 구조다 어떻게 하겠냐?라고 되물어 볼 수 있고, 연차별로 어떤 업무를 수행하거나 성과를 쌓아서 계획을 이룰 것인지 물어볼 수 있습니다. 실행 가능성이 충분히 보이고 역량도 있다면 꼭 채용해야 할 사람입니다.

그래도 사람 뽑기 어려움

앞의 로열티, 주인정신은 당장 일할 사람이 없는 중소기업과 무관한 이야기로 보일 수 있습니다. 채용을 잘하려고 나름대로 신경 써도 회사의 규모, 브랜드, 급여 수준, 위치 등으로 적당한 사람이 지원하지도 않고 그나마 입사해도 일 할 만하면 퇴사하는 등 답답한 마음이 가득할 것입니다. 어떻게 이 난관을 극복할 수 있을까요?

첫 번째, 좋은 사람을 채용하기 힘든 것을 한탄하지 말고 받아들이세요. 받아들이면 부족한 부분을 근무 환경, 복리후생, 보상, 직원 관계 등 무엇이 되었든 채울 수 있는 방법을 찾을 수 있습니다. 인정하지 않으면 괜스레 직원이나 지인 앞에서 넋두리하게 되고 그들은 회사에서 희망을 못 보고 떠나거나 지인에게 입사 추천을 꺼리게 됩니다.

두 번째, 사연이 있는 좋은 사람을 채용하세요. 사회생활과 개인 삶과의

충돌 등으로 좋은 회사를 다녔거나 좋은 성과를 내던 사람이 회사를 그만 두고 쉬는 경우가 많습니다. 이는 남녀 모두에게 해당하며 다양한 연령층에 걸쳐 있습니다. 그들의 사연으로는 육아, 학업, 시험 준비, 원거리 발령, 회사 폐업, 창업 후 폐업, 가족 문제 등 다양합니다. 경력 단절 기간은 크게 상관하지 않아도 됩니다. 일을 잘하고 말고는 경력 단절 기간에 있는 것이 아니라 그 사람의 성격과 자질에서 비롯되기 때문입니다. 열린 마음으로 쉬고 있거나 잠시 다른 일을 하고 있는 인재를 찾아보기 바랍니다.

사연이 있는 좋은 사람은 자신의 사연을 이해하고 받아준 회사를 위해 노력하고 감사해 합니다. 앞서 이야기한 회사에 대한 로열티가 생길 수밖에 없습니다. 이들이 회사와 업무에 적응하고 나면 새로 입사한 직원의 사수를 시키세요. 업무 뿐만 아니라 회사에 감사하는 마음까지 가르쳐 줄 것입니다.

우리 모두는 지원자였다.

2003년 겨울 처음 회사에 입사 지원하던 때를 잊을 수가 없습니다. 그 당시만 해도 방문 접수가 많았는 데, 지원한 회사도 방문 접수를 받는 회사였습니다. 서류 봉투에 지원분야, 이름을 적고 봉투 안에 응시원서와 이력서, 자기소개서 등의 지원 서류를 담아서 버스를 타고 회사까지 찾아갔습니다. 처음 방문하는 회사라는 공간에서 인사담당자에게 서류 봉투를 내밀고 제출한 서류가 다 맞는지, 빠진 것은 없는지 확인 받았습니다. '혹시나 잘 못 가져오거나 해서 인사담당자가 나를 안 좋게 보면 어쩌지? 갑자기 무언가 물어 본거로 떨어지는 거면 어쩌지?' 접수증을 받아 들고 회사를 빠져나오기까지 긴장의 연속이었습니다.

며칠 후 지원한 회사 홈페이지에 원서 접수자 명단과 추후 일정이 올라왔습니다. 다행히 제 수험번호가 있었습니다. 추후 일정을 확인하고 긴장된 마음으로 서류 전형 발표일을 기다렸습니다. 서류 전형 발표일, 홈페이지에서 서류 전형 결과를 확인하라는 문자가 왔습니다. 다행히 합격자 명단에 제 수험번호가 있었습니다. 최종 합격도 아닌 데 왜 이렇게 입꼬리가 올라가는지 모르겠습니다. 함께 공지된 필기시험 일정과 장소, 준비물을 확인하고 공부하던 자료를 다시 폈습니다.

오늘은 필기시험을 보러 가는 날입니다. 몇 번을 확인했지만 한 번 더 공지된 내용을 확인하고 시험장으로 향했습니다. 시험장으로 들어가기 전에 밖에 붙은 배치표에서 자리를 확인하고 앉았습니다.

처음 지원한 회사에 운이 좋게 합격하고 인사 업무를 배웠습니다. 몇 년 후 이직하였고 채용을 진행하면서 '이래도 되나?' 싶은 이상함을 느꼈습니다. 어쩜 그렇게 지원자에게 무심할 수가 있는지.. 이후에 여러 회사에 입사 지원했지만, 처음 지원한 회사만큼 채용 과정이 기억에 더 남는 회사가 없습니다.

지원자에게 무심한 회사

A회사 정훈씨는 채용 공고를 취업포털에 올리려고 합니다. 취업포털 영업직원이 프리미엄 광고를 쓰면 지원자가 70%는 많아진다며 나중에 사용할 수 있는 할인 쿠폰도 준다고 합니다. 지원자도 늘릴 겸 광고를 사용해서 오픈했습니다. 정말 지원자가 예전보다 늘었습니다. 왠지 기분도 좋고 능력 있는 인사담당자가 된 것 같습니다. 지원자가 많아지니 보고할 맛

도 납니다. 지원자 중에 서류 전형에 합격한 사람들에게 연락하고 필기시험을 진행합니다. 필기에 합격한 사람에게 연락하고 1차 면접을 진행합니다. 1차 면접 합격한 사람에게 2차 면접을 진행합니다. 2차 면접 합격한 사람에게 처우와 입사일 등을 조율합니다.

90% 이상은 A회사와 같이 채용을 진행합니다. 이상한 점이 없어 보입니다. 저도 이렇게 진행한 적이 꽤 됩니다. 이어서 B회사를 보겠습니다.

B회사 수인씨는 직원 채용 공고를 취업포털에 올리려고 합니다. 대괄호 부분은 A회사와 동일합니다. [취업포털 영업직원이 프리미엄 광고를 쓰면 지원자가 70%는 많아진다며 나중에 사용할 수 있는 할인 쿠폰도 준다고 합니다. 지원자도 늘릴 겸 광고를 사용해서 오픈했습니다. 정말 지원자가 예전보다 늘었습니다. 왠지 기분도 좋고 능력 있는 인사담당자가 된 것 같습니다. 지원자가 많아지니 보고할 맛도 납니다. 지원자 중에 서류 전형에 합격한 사람들에게 연락하고 필기시험을 진행합니다.] 시험 대상자가 아닌 사람들에게 서류전형 불합격 안내를 합니다. 필기시험 합격한 사람에게 연락하고 1차 면접을 진행합니다. 필기시험 불합격자에게 필기시험 불합격 안내를 합니다. 1차 면접 합격한 사람에게 2차 면접을 진행합니다. 1차 면접 불합격한 사람에게 1차 면접 불합격 안내를 합니다. 2차 면접 합격한 사람에게 처우와 입사일 등을 조율하고 합니다.

10% 이내는 B회사와 같이 채용을 진행합니다. B회사가 A회사와 다른 점은 전형 단계마다 불합격자가 합격/불합격을 궁금해하지 않도록 안내한 뿐입니다. 별다른 차이가 없어 보이나요? 이 작은 행동이 좋은 사람이 지원할 가능성을 조금 더 높이거나 낮출 수 있다면 어떨까요? 회사 이미

지를 긍정적으로 만드는 데 도움이 된다면? 당연히 불합격자에게 결과를 알려주어야 합니다. '연락 없으면 불합격인 줄 알겠지.'라고 안이하게 생각하지 마세요. 인사담당자로서 업무 태만입니다. 불합격도 알려주지 않으면서 고용브랜드 전략과 캠페인 등을 논하지 마세요. 아직 고용브랜드를 논할 수준이 못 됩니다. 불합격도 안 알려주면서 채용 전략, 프로세스 개선을 논하지 마세요. 기본과 중요한 게 무엇이 아직 모르고 있습니다.

경영층은 입사할 사람에게 관심이 있습니다. 당연합니다. 경영층은 새로운 인재에게 기대하는 바와 하고자 하는 바가 있으니까요. 인사담당자도 합격자가 무사히 입사할 수 있도록 주의를 기울이고 노력해야 합니다. 하지만 그 전에 약간의 수고로 불합격자에게 결과를 알려줘야 합니다. 그것이 인사담당자의 역할입니다.

신경을 덜 쓰면 합격자를 놓친다

덕희씨는 B, C 회사에 지원하고 두 회사의 최종 결과를 기다리고 있습니다. C 회사가 연봉을 조금 더 주지만 예전부터 동경해 왔던 B 회사에 다니고 싶은 마음이 더 큽니다. 며칠 지나고 C 회사에서 최종 합격을 알려왔고 처우와 입사일을 조율 중입니다. B 회사를 가고 싶은 마음에 최대한 입사일을 늦추었지만 B 회사에서는 최종 면접을 보고 2주일이 되도록 연락이 없습니다. 덕희씨가 B 회사에 전화를 해 봐도 불합격은 아니니 기다려 보라는 말만 할 뿐입니다. 덕희씨는 B 회사를 포기하고 C 회사로 마음을 굳혔습니다. B 회사에서 최종 합격했다는 연락이 1주가 더 지나서야

왔습니다. 이미 덕희씨가 C 회사로 결정하고 연봉협상까지 마무리한 이후 였습니다. 덕희씨는 C 회사에 입사했습니다.

B 회사의 인사담당자는 채용 진행 중 이탈을 대수롭지 않게 보거나 덕희씨 또는 의사결정자의 문제로 볼 가능성이 높습니다. 하지만 이는 엄연히 인사담당자의 잘 못 입니다. 인사담당자가 덕희씨에게 진행사항에 대해 충분히 설명하고 양해를 구하는 등의 연락을 3주간 5번 정도의 했다면 어떻게 되었을까요? 덕희씨는 인사담당자에게 미안해서라도 C회사로 안 갈 확률이 높아지고 가더라도 자신에게 신경 써 주는 B 회사에 감사해 할 것입니다. 또한 자신의 지인에게 B 회사에 대해 긍정적으로 말할 것입니다.

지원자가 궁금한 것과 할 일

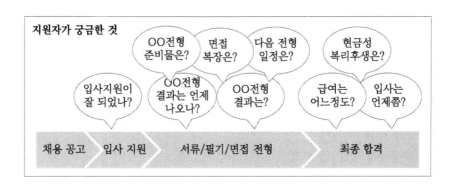

할 일

입사지원이
잘 되었나?

홈페이지, 취업포털, 이메일 등으로 접수가 잘 되는 것은 당연하지만 지원자는 혹시나 하는 마음에 지원이 잘 되었나 궁금합니다. 시스템이 있다면 자동 메일링을 설정하고 없다면 귀찮더라도 '지원이 잘 되었다.'는 메일을 보내주세요.

OO전형
준비물은?   면접 복장은?

사소한 것이라도 준비물이 있다면 알려 주고 없다면 없다고 알려주세요. 면접 복장도 꼭 알려줘야 합니다. 사소한 것 같지만 지원자에게 소중한 정보이고 모르면 불필요하게 고민하고 불합격하면 정보를 안 주어 그렇다 오해할 여지가 있습니다.

OO전형 결과는
언제 나오나?   다음 전형
일정은?

전형에 참석한 모든 지원자에게 알려줍니다. 전형 결과와는 별개입니다. 이 액션은 면접 진행 과정에서 구두도 해도 좋습니다.

OO전형
결과는?

합격, 불합격 결과가 나오면 바로 알려줍니다. 앞서 이야기한 것처럼 불합격의 경우에도 필히 알려주세요. 합격자도 소중하지만 불합격자도 소중합니다.

급여는
어느정도?   현금성
복리후생은?   입사는
언제쯤?

최종 합격자가 결정되었다면 빠르게 세 가지를 정리해서 알려주세요. 되도록 구두로 설명하고 메일로 정리해서 보내주는 게 좋습니다. 이 외에도 합격자의 연령, 성별, 거주지역 등을 감안해서 그 사람이 좋아할 만한 회사의 것들을 알려주세요. 회사의 좋은 점을 최종합격자에게 어필 하는 것은 앞의 전형 과정만큼 중요합니다. 그렇지 않으면 공들여 찾은 사 람을 다른 회사에 빼앗길 수 있습니다.

우리나라 사람들은 정에 약합니다. 더 좋은 회사가 있더라도 채용하고 싶은 사람에게 맛있는 것도 사주고 커피 쿠폰도 보내주고 안부 전화도 하 는 등 정성을 들이면 더 좋은 회사, 경쟁사에 최종합격자를 뺏기는 리스크 를 확연하게 줄일 수 있습니다. 또한 그 사람이 빠르게 적응해서 성과를 내기에도 좋습니다.

지원하고 싶게 만드는 채용 공고와 지원서

채용을 하다 보니 어느 순간 취업포털에서 채용 공고를 보는 게 취미가 된 적이 있습니다. 하루도 빠지지 않고 대기업, 공공기관, 스타트업, 중소기업, 교육 연수생, 헤드헌팅까지 취업포털에 올라오는 정보를 가리지 않고 공고를 봤습니다. 지원할 생각은 없더라도 '이 회사, 이 포지션 괜찮네. (여건이 맞는다면 지원하고 싶다.)'는 것도 있고 조금보다 마는 것도 있고 제목만 보고 클릭(내용 확인)도 안 하는 것도 있었습니다.

공고는 제목, 본문, 지원서로 구성됩니다. 제목은 흔히 공고명으로 불리며, 본문은 공고 그 자체로 간주됩니다. (이상하지만, 지원서는 공고의 부속물 정도로 여겨집니다.) 구직자는 이 세 가지를 통해 회사의 문화, 직원을 대하는 태도, 인사 철학 등을 부지불식간에 느낍니다. 그리고 '지원한다, 안 한다'를 결정합니다.

요즘과 같이 온라인으로 채용을 홍보하는 현실에서 채용 공고의 제목은 정말 중요합니다. 지원자는 무수히 많은 채용 공고를 다 확인하지 않고 눈에 띄는 공고를 확인합니다.

쌩뚱맞지만 유튜브 동영상 광고를 살펴 보겠습니다. 유튜브 광고는 정해진 몇 초 동안 광고를 노출하고 전환(회원가입, 구매 등) 또는 관심을 갖도록 유도합니다. 광고는 사이트, 제품 등에 관심을 가질 만한 사람에게만 보이도록 타깃팅합니다. 또한 타깃팅된 사람들이 주로 선호하는 연예인 또는 컨텐츠로 전문업체가 광고를 제작합니다. 그럼에도 광고를 클릭해서 제품, 서비스 페이지로 이동할 확률은 한 자릿수입니다. 더군다나 온라인 광고 분석 보고서에 따르면 동영상 광고에 대한 부정적 이미지가 날이 갈수록 커져서 전환율은 계속 줄어들고 있다고 합니다.

채용 공고는 어떨까요? 지원자는 공고 제목을 1초도 안 되는 시간을 보고 본문을 볼지 말지 판단합니다. 수많은 제목 중에서 선택되어 읽히는 것은 소수이며 나머지는 정보로서 그 가치가 없다고 판단되어 외면 받습니다. 아직까지 취업포털의 채용 광고는 타깃팅되지 않습니다. 광고비를 많이 쓴 고객의 공고를 더 크게 더 위에 보여줄 뿐입니다. 그 외는 카테고리별로 분류되어 최신 일순으로 보입니다. 회사가 원할 만한 사람에게 채용 공고(공고 제목)가 보여질 확률, 본문을 볼 확률, 본문을 끝까지 볼 확률, 입사지원을 할 확률은 어떨까요? 정확한 통계가 없어서 알 수 없지만, 유튜브 광고 보다 결코 높지 않습니다. 여기에 자사 양식이면 보나마나 확률은 더 낮아집니다.

공고가 보여질 확률은 뒤에 나오는 '채용 홍보'를 참고해서 최대한 높이도록 합니다. 채용 공고가 노출되었다면, 본문을 보게 만드는 제목, 끝까지 읽게 만드는 본문, 작성하고 싶게 만드는 지원서로 입사 지원율을 가능한 높일 수 있습니다.

본문을 보고 싶게 만드는 제목

최대한 전환율(입사지원)을 높이기 위해 할 일은 지원자의 시선을 잡고 본문까지 보고 싶게 만드는 공고 제목이 만들어야 합니다. 다음 네 가지를 참고하여 우리 회사만의 특색 있는 공고 제목을 만들어 보세요.

첫 번째, 회사, 브랜드, 상품, 유명인 중에 이름만 들어도 알 수 있을 정도의 것을 표현하세요. 'OOO 마케팅 경력직 채용 또는 (유명인)의 (상품명 등) 마케팅 어때요?'

두 번째, 탄탄한 회사, 성장하는 회사 임을 표현하세요. '신선식품 1위 (회사 또는 브랜드 또는 상품) 마케팅 리더가 될 사람, 보너스/수당 끊기지 않는 (회사 또는 브랜드 또는 상품)의 마케팅 전문가 채용'

세 번째, 업력을 표현하세요. '업력 14년차 (회사 또는 브랜드 또는 상품) 마케팅인 채용'

네 번째, 직무를 수행해서 얻을 수 있는 가치를 표현하세요. '마케팅의 중요성을 증명하고 실세가 될 경력직 채용 또는 하고 싶은 마케팅 방법으로 성과 낼 사람'

계속 보고 싶게 만드는 본문

본문에 들어갈 내용의 순서는 편의를 위해 A덩어리, B덩어리로 묶겠습니다. 먼저 A덩어리가 나오고 B 덩어리가 나오는 것을 추천하며 덩어리 안의 내용은 회사의 필요에 따라 추가/보완하기 바랍니다.

A 덩어리

A 덩어리는 공고의 도입부로 회사에 관심을 갖도록 만드는 것과 회사를 홍보하는 것이 목적입니다. 들어갈 내용은 회사/브랜드/상품 소개, 회사를 다니면 얻을 수 있는 가치, 채용하고 싶은 사람입니다.

회사/브랜드/상품 소개

회사/브랜드/상품의 가시적인 성과를 드러내거나 어디서 만나볼 수 있는지(온라인의 경우 URL 첨부), 회사/브랜드/상품이 추구하는 가치, 목적은 무엇인지 소개합니다. 내용은 추상이지 않게 최대한 구체적으로 작성합니다. 자세하게 표현하기 애매한 경우 하루에 몇 개가 소비되는 제품군이다 또는 회사가 속한 시장 규모를 설명하는 것도 좋습니다. 중요한 것은 구체적이고 이해하기 쉽게 회사/브랜드/상품 등을 소개하고 지원자가 관심을 갖게 만드는 것입니다.

예1) 한국인의 입에 맞는 간과 부드럽고 탱글탱글 한 식감으로 사랑받는 (브랜드/상품)입니다. 이미 수도권 OOO 부분 1위와 중소기업 브랜드 대상을 받아 그 맛과 서비스를 검증받았습니다. 3년 이내 전국의 모든 국민에게 바른 음식과 식사 이상의 가치를 제공할 (회사)에 당신의 자리가 있습니다.

예2) 내가 먹을 것처럼 만들고, 맛으로 추억을 떠 올릴 수 있는 (상품)을 만드는 (회사)입니다. 경남 지역 OOO부분 1위로 검증 받은 맛으로 경남을 넘어 한국의 맛과 추억의 대표가 될 (회사)에서 함께할 인재를 찾습니다.

회사를 다니면 얻을 수 있는 가치

우리는 회사에서 돈만 벌지 않습니다. 돈 이외에 직무 경험과 스킬, 지식, 좋은 동료, 사회생활 경험, 소속감, 안정감 등을 얻어 갑니다. 그런데 이런 내용이 들어간 공고는 찾기 어렵습니다. 왜 그럴까요? 당연하게 받아들이고 있기 때문입니다. 직원에게 당연하지만 지원자는 가지지 못한 것을 생각해 보세요. 회사(그 자체)를 다녀서 좋은 점, 우리 회사의 좋은 점, 회사에 다녀서 얻은 경험과 스킬, 인맥 등이 무엇인지 생각해 보면 '회사를 다니면 얻을 수 있는 가치'를 작성할 수 있습니다.

작은 회사도 다른 관점에서 보면 다양한 업무 경험을 할 수 있는 기회와 회사를 성장시키는 경험을 가질 수 있습니다. 작은 회사만의 유연하고 빠른 의사결정도 좋은 점입니다. 회사에 열심히, 잘 하는 사람이 많다면 그들과 함께 일하는 것도 좋은 점입니다. 회사 분위기가 밝고 긍정적인 것도 좋은 점입니다.

회사 연령층이 젊은 회사는 젊은 감각 또는 그 자체가 좋은 점입니다. 반대로 회사 연령층이 높다면 점잖은 분위기 또는 나이가 많아져도 다닐 수 있다는 좋은 점이 있습니다. 전임자가 없었고 아무것도 없는 상태(일명 맨땅에 헤딩하기)에서 일을 하는 것도 새로운 도전이 될 수 있어 좋은 점입니다. 비품을 사비로 안 사는 것, 점심/저녁 식대가 안 드는 것, 커피나 간식을 법인카드로 사 먹는 것, 야근하면 택시비를 청구할 수 있는 것, 휴가를 눈치 안 보고 쓸 수 있거나 야근이 별로 없는 것 등 좋은 점은 생각할수록 많습니다.

아무리 생각해도 별다른 좋은 점이 없나요? 백수일 때는 가질 수 없었던 어느 회사나 주는 소속감을 가지고 최소한의 생활을 영위하게 해주는 것도 회사가 주는 좋은 점입니다. 최대한 회사의 좋은 점을 생각하고 작성해 한 다음 그 내용을 추리고 캐주얼 하면서 호감 가도록 공고에 작성하세요. 우리가 다니는 회사는 생각보다 좋은 회사입니다.

채용하고 싶은 사람

자격요건, 우대사항과 채용하고 싶은 사람은 지원자에게 주는 메시지가 다릅니다. 인재상을 좀 더 친숙하게 표현하는 것이라고 보면 정확하며, 인재상이 없는 회사의 경우 우리 회사에 입사하고 근무했으면 좋겠다고 희망하는 사람을 작성합니다.

인재상이 있더라도 실제와는 괴리감이 많을 것입니다. 인재상의 특성상 선언적이기 쉬워서 그런 것이니 현실감이 느껴지는 함께 일하고 싶은 사람을 생각해야 합니다. 예를 들면 지금은 몰라도 2~3달 이면 능숙하게 업무를 할 사람, 모르는 것을 물어보는 사람, 동료에게 미안한 것을 아는 사람, 무모한 도전보다 계획적인 도전을 하는 사람, 이해관계자에게 예상되는 이슈/발생된 이슈 등을 공유하는 사람, 약속을 지키는 사람, 약속을 못 지킬 게 예상되면 미리 알려주는 사람, 깨끗하고 냄새 안나는 사람 등과 같이 최대한 구체적으로 작성합니다. 이런 동료들과 함께 할 준비가 되어 있는 사람을 마지막에 넣어주면 좋습니다.

B 덩어리

B 덩어리는 일반적인 채용 공고의 내용에 해당합니다. B 덩어리의 목적은 채용 포지션을 소개하고 지원 여부를 판단하게 만드는 것입니다. 포지션 소개, 자격요건, 우대사항 등으로 구성합니다.

포지션 소개

채용 포지션이 무슨 일을 하는지 작성합니다. OO 마케팅과 같이 단순하게 작성하지 말고 OO 마케팅 전략 수립, 마케팅 툴 관리/운영, 지표관리/보고, 업체 관리 등 수준까지 조금 더 작성합니다.

자격요건

포지션을 수행하기 필요한 최소한의 요건으로 서류전형 합격/불합격에 직접적인 영향을 주는 것을 작성합니다. 경력직 채용 시 단순히 경력 3년 이상 또는 마케팅 경력자 등으로 작성하는 것 보다 경력 3 ~ 10년과 같이 최소/최대 요건을 작성해야 지원자와 회사의 시간 낭비를 줄일 수 있습니다. 그렇지 않으면 경력 3년 미만, 경력 10년 초과자가 지원하는 상황이 발생하여 사회적 비용 낭비를 초래합니다.

자격요건이 명확하지 않으면 지원할 사람이 지원하지 않거나 허수 지원자가 늘어나는 등의 부작용이 발생할 수 있고 취업 카페 또는 관련 커뮤니티에 같은 스펙에 누구는 합격하고 누구는 불합격하고 등으로 회사 이미지가 나빠질 수 있으니 반드시 우대사항과 구분해서 작성하는 것을 추천합니다.

우대사항

자격요건과는 우대사항은 있으면 좋지만 없어도 상관없는 것입니다. 마케팅 경력직 채용 시 AAA 마케팅 경험까지 있으면 좋은 경우 'AAA 마케팅 경험'은 우대사항에 작성합니다. 또는 마케팅 툴을 다룰 수 있으면 업무에 빠르게 적응할 수 있어서 좋지만 입사해서 배워도 괜찮다면 '마케팅 툴 사용 가능'을 우대사항에 작성합니다. 자격증의 경우도 있으면 좋지만 없어도 상관없다면 우대사항에 작성합니다.

우대사항이 자격요건과 명확하게 구분되지 않으면 지원자는 지원해도 되는지 헷갈려 합니다. 저는 이런 공고를 보면 '뭐지?'하는 생각이 들던 데, 실제 지원자는 어떻게 생각할까요.

채용 공고를 만들고 회사 외부에 광고/홍보하는 목적은 지원자를 확보하는 것입니다. 지원자를 확보하려면 채용 공고는 보는 사람으로 하여금

지원하고 싶게 만들어 지거나 직접 지원하지 않더라도 지인에게 공고를 공유하고 지원하라고 추천할 만해야 합니다. 대부분 회사의 채용 공고는 회사가 하고 싶은 이야기만 들어 있습니다. 공고를 통해 지원자가 알고 싶은 것은 무엇일지 생각해 보고 어떻게 해야 입사 지원하게 만들지, 지원자가 알고 싶은 것은 무엇일지 열심히 고민하기 바랍니다.

작성하고 싶게 만드는 지원서

지원을 포기할까 고민하는 순간이 찾아옵니다.

그 순간은 지원서에 일 하는 것과 무슨 상관이지 싶은 항목이 보일 때와 지원서를 끝까지 작성하고 싶지 않게 만들 때입니다. 작성 포기를 막기 위해 불필요한 내용은 빼고 지원 단계에서 회사가 꼭 알아야 하는 항목만 작성하도록 지원서를 만듭니다.

예를 들면 본적, 집 전화번호, 최종학력 외 학력 정보, 전학년 성적, 가족관계, 혈액형, 키, 몸무게, 병역 정보, 취미, 특기 등입니다. 병역 정보까지는 입사 후 병역 문제가 발생할 경우를 대비하는 차원에서 이해할 수 있어도 나머지는 왜 작성하게 만들까요? 필요하다면 입사 후에 받아도 충분합니다. 입사가 결정되지 않은 지원자에게 받을 이유는 없습니다.

지원서에 작성할 내용은 단순히 궁금해서, 다른 회사도 이렇게 하니까, 사수에게 인수인계 받은 지원서가 이러니까 등이 아니라 합격/불합격에 충분히 영향을 줄 만한 것만으로 구성되어야 합니다. 만약 경호원과 같이 직무 특성상 키, 몸무게 등의 신체 사항이 필수 정보라면 예외입니다.

불필요한 항목을 뺐다면 들어가면 좋을 항목은 무엇일까요? 회사와 채용 포지션에 대한 경험, 생각 등을 작성하게 만드는 항목입니다. 흔히 있고 뻔히 소설을 작성하는, 그래서 별 의미를 갖지 못하는 성장 과정, 성격의 장단점 등은 빼고 우리 회사와 채용 포지션을 생각하지 않으면 작성할 수 없는 항목을 넣는 게 맞습니다.

취업 포털에 양식으로 지원을 받으면 지원자는 많지만 의미 없는 지원자가 대부분이고 작성한 내용도 가지각색이어서 동일한 기준으로 평가하기 어렵습니다. 그렇다고 자사 양식으로 받으면 지원자가 확 줄어들어 어쩌다 있는 괜찮은 허수 지원자마저 없습니다. 지원자가 적으면 채용을 잘못한 것 같은 불안감이 엄습하고 혹시라도 채용이 늦어지면 경영층이나 현업의 힐난을 감수해야 합니다.

무엇이 최선일까요?

우리 회사 정도면 누구나 입사하고 싶을 것이다 자신 있다면 자사 양식으로 하고 그렇지 않다면 지원자의 편의성을 위해 취업포털 양식으로 하는 것이 좋습니다. 만약 노동 시장에 채용 포지션의 인력풀이 적다면 취업포털 양식으로 지원받는 것이 좋습니다.

취업포털 양식으로 받더라도 공고 본문에 '우리 회사와 채용 포지션을 생각하지 않으면 작성할 수 없는 항목'을 넣어 작성할 것을 요청하면 지원자의 편의성도 높이고 허수 지원자도 줄일 수 있습니다. 그 항목을 작성하지 않았다면 90% 허수 지원자라고 봐도 됩니다.

최악의 면접관

회사를 망신시키고 안티를 키우는 면접관

　지원자는 우리 회사를 선택한 소중한 손님입니다. 이 사실을 잊으면 절대 안 됩니다. 그들은 언제든 회사의 고객, 펜, 안티가 될 수 있습니다.

　면접관은 회사의 리더 또는 차기 리더가 주로 합니다. 결정하고 이끌어가는 위치에 있는 리더가 면접관으로 면접에 참석하면, 평소 회사에서 하던 모습 그대로 면접관 역할을 하는 경우가 더러 있습니다. 리더십이 좋거나 지원자가 손님임을 안다면 다행이지만 그렇지 않다면 면접관은 우리 회사를 망신시키고 안티를 늘리는 내부의 적이 됩니다. 이어서 나오는 사례는 지양되어야 할 것들이니 조심하시기 바랍니다.

고압적인 자세

S 회사의 인사팀의 채용 공고는 4~6개월에 한 번씩은 꼭 올라옵니다. 채용 시장에서 걸러야 하는 포지션으로 유명합니다. 궁금증이 많은 저는 지원해 봤습니다. 1차 면접에서 왜 인사 팀원을 계속 채용하는지 이유를 알 수 있었습니다.

두 명의 면접관이 참석했는 데 차장급으로 보이는 1명은 차분하고 매너 있는 반면 부장급으로 보이는 1명은 시종일관 약간 눕듯이 앉아서 내려다 보는 자세로 반말을 섞어 질문을 했습니다. 대답을 하면 반응은 무조건 '응~ 모르네.' 였습니다. 업무를 했던 회사 상황이 이만저만해서 제도를 그렇게 운영할 수밖에 없었다 설명을 해도 듣지 않고 다른 질문을 하고 대답을 하면 말 끊기를 반복했습니다. 화가 나서 왜 면접을 이렇게 진행하는지 물어보니 '압박 면접도 모르나 봐.'라는 대답이 돌아왔습니다. '여태 압박 면접을 이렇게 하셨어요?'로 말하며 말싸움이 시작돼서 말싸움으로 면접을 마쳤습니다.

그 사람은 본인의 자세와 말투가 압박 면접이라고 알고 있지만, 잘 못된 지식과 태도 그리고 인성으로 빚어진 시건방진 태도에 불과했습니다. 그로부터 7~8년 지난 지금까지 S 회사의 인사팀 채용 공고는 4~6개월에 한 번씩 올라옵니다. 아직도 그 사람이 인사부서의 장으로 있도록 놔두는 회사의 경영진과 회사 수준이 뻔합니다. 저는 그 회사의 절대적인 안티가 되었습니다.

삐딱하게 쳐다보고 비아냥 거리기

부끄럽게도 제가 있던 인사팀장이 이야기입니다. 그 사람은 면접에서 시종일관 지원자의 답변을 비아냥거리고 삐딱하게 쳐다보고 답변에 '체~' 라는 호응(?)을 일삼았습니다. 완전한 소비재를 취급하는 회사로 브랜드가 유명했는 데 면접을 보고 나가는 지원자들이 하나 같이 다시는 이 회사의 브랜드를 이용하지 않겠다고 욕 하면서 면접장을 나섰습니다. 팀장은 자신이 사람을 잘 본다 착각하고 모든 팀의 면접에 참석하느라 바쁩니다. 리더로서 어땠을까요? 팀원을 존중하지 않고 무시하고 비아냥거리고 직원들은 하루하루 울거나 울음을 참으며 다녔습니다. 물론 오래 버티는 직원은 거의 없었습니다.

당당하게 성희롱하기

신입 공채를 하고 있었습니다. 채용 쪽에 잔뼈가 굵고 박사 학위까지 취득한 임원이 남녀 지원자 5명을 앞에 두고 어이없는 질문을 했습니다. '첫 경험은 몇 살이 적당하다고 생각하나요? 경험이 있다면 몇 살 때였나요?' 진행자로 있었던 저와 나머지 면접관들 그리고 지원자들까지 모든 사람이 당황했습니다. 상황을 무마하고 이상한 의미가 아닌 것을 지원자에게 설명하고 인터넷에 이슈화 될까 노심초사 했지만 다행히 조용히 넘어갔습니다. 참고로 그 임원은 추후 회사와 계약이 연장되지 않았습니다.

다짜고짜 반말

주로 싸가지가 없는 젊은 사람 또는 연배가 있는 면접관이 다짜고짜 반말하는 경우가 많습니다. 모든 지원자에게 반말하지는 않고 신입 사원 또는 자신보다 낮은 직급, 어린 나이의 지원자에게 반말을 합니다. 옆에서 지켜보면서 지원자에게 미안한 마음뿐이었습니다. 그들이 주로 하는 반말은 '~~ 했네, ~~는 왜..?, 아~ 그런 거구나'와 같이 형태를 띱니다.

지원자를 판단할 수준이 안 되는

면접관이 지원자의 업무 관련 답변을 진위 여부를 판단할 수 없다면 어떨까요? 사람은 좋을지 몰라도 역량이 안 되는 사람을 채용할 가능성이 높습니다. 만약 지원자의 가면을 꽤 뚫어볼 눈이 없어서 인성마저 제대로 판단 못한다면 어떨까요? 회사에 폭탄을 들여놓는 것과 같습니다.

컨설팅을 했던 모 회사 대표님이 비슷한 고민을 가지고 있었습니다. 스펙과 언변에 속아서 채용했는 데 할 줄 아는 게 없었습니다. 교육을 받을 수 있는 기회를 주고 시간을 줘도 그저 시간만 보내고 월급만 받아갈 뿐이었습니다.

이 사람은 누가 채용했을까요? 무능력해서 사고만 치다 해고당한 리더였습니다. (그 리더는 해고 대상임에도 퇴사 전까지 면접관으로 참석했습니다.) 회사는 리더라는 이유 하나만으로 면접 역량은 감안하지 않고 면접관처럼 중요한 역할을 맡깁니다. 다른 사정이 있어서 리더 자리에 계속 있더라도 실무 능력이 일정 수준이 안 되거나 회사에서 평판이 안 좋은 리더는 면접관의 역할에서 배제되어야 합니다. 그렇지 않으면 회사는 온갖 리스크를 짊어지게 될 것입니다.

회사는 적합한 인재를 채용하기 위해 면접에 앞서 면접관 교육을 합니다. 업체는 한 번으로는 안 된다며 꾸준히 해야 효과가 있다고 말합니다. 회사도 교육은 한 번으로 안 된다고 자위하며 교육을 하지만 몇 년이 지나도 바뀌는 것은 별로 없습니다.

효과 없는 면접관 교육의 특징은 어디에나 나올 법한 내용으로 구성되어 있습니다. 이런 교육에 투자할 시간과 돈 대신 유튜브에서 국내외 면접 관련 영상을 찾아 보여주는 것이 낫습니다. 유튜브 동영상에 추가로 면접에서 잘 못된 언행과 사례 보여주고 직접 느껴보도록 잘 못된 사례로 2시간, 잘 된 사례로 1시간 롤플레잉 하는 것이 효과적입니다.

모의 면접 전에 회사에서 퇴사율이 가장 높은 부서장과 부하직원에게 평판이 안 좋은 리더의 언행을 조사합니다. 조사된 언행을 면접 사례로 활용하여 그룹을 피면접자로 모의면접을 진행하면 면접 품질이 단시간에 개선됩니다.

무조건 뽑다 보면 오는 구조 조정

C 회사의 채용담당자 지현씨는 항상 바쁩니다. OO팀에서 충원 요청이 와서 오늘 OO팀장과 미팅을 2시간이나 했습니다. 미팅을 하고 나니 OO 팀에서 원하는 사람을 이해할 수 있었고 미팅 내용을 정리해서 보고하고 빠른 시일 내에 채용 공고를 올릴 계획입니다. 내일은 오전에 1개 팀, 오후에 1개 팀과 채용 미팅이 예정되어 있습니다. 오늘 저녁은 앞서 미팅한 3개 팀과의 내용을 정리해야 합니다. 이외에도 현재 13개 포지션이 수시 채용과 헤드헌팅, 내부 추천으로 진행 중입니다. 대표님이 '필요하면 인건비 걱정하지 말고 뽑아라.'라고 간부 회의에서 말씀하셔서 그런지 요즘 부쩍 일이 많아진 느낌입니다.

같은 회사의 인사팀장 진철씨는 이번 분기에도 같은 고민을 하고 있습니다. 대표님이 영업이익 목표를 맞추기 위한 수준까지 직원을 해고할 것을 은연중에 지시했기 때문입니다. 누구를 해고할지, 해고 사유를 무엇으로 할지, 어떻게 내보낼지 등을 생각하다 보니 무턱대고 채용하고 아니다 싶으면 해고하는 대표님이 원망스럽기만 합니다.

90% 이상의 회사는 '감'에 의존해 채용 인원을 결정합니다. 물론 인력 계획 수립과 같은 일련의 과정을 거치지지만, 결국 '감'에 의존하는 것은 동일합니다. 이로 인해 인건비 리스크가 발생하고 이에 따라 인원/인건비가 동결 되거나 심하면 대기 발령, 인원 감축 등의 사태가 발생합니다.

인건비 리스크는 경영층의 의사결정에도 책임이 있지만, 의사결정을 합리적으로 할 수 있게 뒷받침하지 못한 인사담당자에게도 있습니다. 우리에게 채용을 잘하고 해고를 최소화하고 해고의 심적 부담을 직원과 함께 해야 할 의무가 있다는 것을 항상 잊으면 안됩니다.

원인은 현업 중심의 채용

현업에서 채용을 요청하면 인사 부서는 별다른 검토 없이 채용을 진행합니다. 이유는 현업이 경영층까지 의사결정을 받고 인사 부서에 전달되는 경우가 대부분인 것과 이해하기 힘든 언어($%!@@@*^%~#$ 해서 인원이 필요하다.)로 현업이 밀어붙이면 안 된다고 말할 명분도 따질 논리도 거의 없기 때문입니다.

현업 관점으로 반박한다면 충원 사유(또는 충원 요청서 등)를 꾸준히 수집하였다가 유사한 사유로 충원을 요청할 경우 모아둔 자료를 바탕으로 채용에 의문을 제기하는 정도입니다. 하지만 현업이 얼마든지 다른 사유로 포장한다면 방법이 없습니다.

인사만의 논리 만들기

이쯤에서 나오는 적정 인원 산정

인터넷에서 적정 인원 산정을 찾아보면 이론 위주의 내용이 많습니다. 실무를 하는 우리는 어떻게 하는 것인지 알고 싶은 데, 방법론만 나오니 답답하기만 합니다. (저의 검색 능력이 부족해서 그럴 수도 있습니다.) 그래서 간단하게 제가 사용하는 방법을 공유합니다.

첫 번째, 기본적인 회계 정보를 이해합니다.

  - 회계 정보를 알게 되면 회사가 움직이는 것과 경영층의 의사결정을 한층 더 이해할 수 있습니다. 물론 현업과 미팅도 수월해 집니다.
  - 기본적인 회계 정보는 매출, 영업이익, 비용, 직간접 인건비 등을 의미하며 최근 5개년 히스토리와 회사의 예상 회계 정보(또는 회사의 회계 목표) 등을 의미합니다.

두 번째, 비즈니스 모델을 이해합니다.

  - 비즈니스 모델을 이해한다는 것은 회사의 사업이 움직이는 원리와 그 흐름을 이해하는 것입니다. 사업부서는 어떤 역할하고 사업부서간 얽히는 관계를 이해하는 것도 포함됩니다.
  - 비즈니스 모델을 바탕으로 수익 구조를 파악하고 수익과 비용의 발생 시기를 파악합니다.

※ 여기까지 적정 인원을 산정하기 위한 기본 소양입니다.

세 번째, 적정 인원 산정하기

1) 최근 5개년 회계 정보를 연 단위로 정리합니다.

연도	매출	영업이익	순이익	인건비	…
2016					
2017					
…					

2) 최근 5개년 동안 근무한 직원의 유형을 분류합니다. 매출, 지원, 물류, 마케팅 등으로 기능 단위로 나눠도 되고, 사업부서 단위로 나눠도 됩니다.

정리할 직원의 정보는 1명 단위로 정리하며, 필요한 정보는 사번, 근무월, 직원 유형, 부서(대단위), 직급, 입사일, 퇴사일, 월 근무일입니다. 정확한 산정을 위해 부서이동내역 및 직급 변경을 반영하여 1명의 직원을 여러 행으로 나눕니다.

※ 정규직, 비정규직으로 표를 분리하여 작성합니다.

사번	근무 월	seq	직원 유형	직급	입사일	퇴사일	월 근무일
1234	19.1월	1234_1	매출	대리	13.01	13.02.12	31
1234	19.2월	1234_2	지원	대리	13.01	13.02.12	12
…	…	…	…	…	…	…	…

3) (2)의 데이터를 기준으로 직원 유형별 월 근무일 합계(a), 근무 인력(= 월 근무일 합계(a)/365)를 연도 단위로 도출합니다.

연도	매출			...		
	대리			...		
	월근무일 합계	근무 인원	...	...	...	
2016						
2017						
...						

4) (1)과 (3)의 데이터를 하나의 표로 만듭니다.

연도	매출	영업이익	순이익	인건비	매출			
					대리		...	
					월근무일 합계	근무 인원	...	...
2016								
2017								
...								

5) (4)의 표를 다음과 같이 만듭니다. 다음의 표를 참고하되 필요에 따라 인당 영업이익(또는 순이익 등), 본부 수준의 단위로 구성합니다.

표는 먼저 현 상태로 회사가 유지될 경우 매출, 인원 등이 어떻게 변화될 것인지를 의사결정자가 가늠할 수 있도록 히스토리 기준 추정치를 보여줍니다. 그 다음에 목표(표에서는 매출)를 달성하기 위해 필요한 인원과 목표 달성 시 매출 등 변화량을 추정하여 보여줍니다.

표는 가능한 직원유형을 구분하여 하나의 표로 만드는 것이 좋으며, 정규직/비정규직은 별도의 표로 만드는 것이 좋습니다.

기준	구분		매출	근무인원당 매출	...	매출 대리	
						월근무일 계	필요인원
히스토리 기준 추정	실제	2016	1,000,000,000	93,112,245	...	...	10.7
		2017	1,070,000,000	100,141,026	...	...	10.7
		2018	984,400,000	94,281,291	...	...	10.4
		2019	1,043,464,000	97,283,361	...	...	10.7
		2020	1,053,898,640	96,894,963	...	...	10.9
	추정 ①	2021	1,062,024,768	97,360,050	...	...	10.9
		2022	1,070,150,896	97,822,459	...	...	10.9
		2023	1,078,277,024	98,282,211	...	...	11.0
		변화량(a)	8,126,128				0.032
히스토리 + 목표 기준 추정	실제	2017	1,070,000,000	100,141,026	...	...	10.7
		2018	984,400,000	94,281,291	...	...	10.4
		2019	1,043,464,000	97,283,361	...	...	10.7
		2020	1,053,898,640	96,894,963	...	...	10.9
	목표 추정 ② (목표 달성시)	2021	1,200,000,000	96,342,577	...	...	12.5 ©c
		2022	1,232,949,864	95,925,234	...	...	12.9
		2023	1,265,899,728	95,532,942	...	...	13.3
		평균(b)		96,342,577			
		변화량(d)	32,949,864				0.40

①, ② 공통 : 변화량은 엑셀 함수 LINEST로 계산합니다.

①의 변화량(a)는 '16~'20년을 기준으로 산정하여, '21~'23년에 적용합니다.

①, ② 공통 : 변화량은 엑셀 함수 LINEST로 계산합니다.

①의 변화량(a)는 '16~'20년을 기준으로 산정하여, '21~'23년에 적용합니다.

②의 근무인원당 평균 매출(b)은 '16~'20년을 기준으로 산정합니다. 목표 달성을 위한 필요인원(c)은 '21년 목표 / (b)로 산정합니다.

②의 변화량(d)는 '21년 목표 달성을 전제하는 것으로 '17~'21을 기준으로 산정하여, '22~'23년 매출에 적용합니다.

6) (5)에서 만든 자료를 기준으로 경영진 회의를 통해 차년도 직원 유형별 적정 인원을 결정합니다.

엑셀 LINEST 함수

설명

출처 : 마이크로 소프트

LINEST 함수는 데이터에 가장 적합한 직선을 구하는 "최소 자승법"을 사용하여 선의 통계를 계산하고 선에 대한 배열을 구합니다. LINEST를 다른 함수와 결합하여 다항식, 로그, 지수, 멱급수 등 알 수 없는 매개 변수에서 다른 유형의 선형 모델에 대한 통계를 구할 수도 있습니다. 이 함수는 값을 배열로 반환하므로 배열 수식으로 입력해야 합니다.

사용방법

① LINEST(값이 있는 범위 선택(Y축), 값이 있는 기간 선택(X축), TRUE) → 변화량 도출
② 예측할 시점의 값 = 이전 시점의 값 + 변화량

좋은 사람을 채용하는 것에 책임감을 가지는 것도 중요하지만 누군가를 채용할 때 그 사람에 대한 책임감 또한 가져야 합니다. 무분별한 채용과 대책 없는 인력관리는 직원과 가족들의 사람까지 위태롭게 만든다는 것을 잊으면 안됩니다.

채용과 인력관리에서 주의할 점

인력이 증가할 수 있지만, 계속 증가할 필요는 없습니다. 인력의 생산성을 높이고 핵심 업무 위주로 일을 하고 그 외에는 외주 하는 것을 먼저 검토하는 것이 좋습니다.

인력 퇴출은 맨 마지막에 검토되어야 할 문제입니다. 무능력하거나 회사 분위기를 해치는 인력을 퇴출하는 것은 당연하지만 그 외의 직원이 오해할 여지가 크므로 남은 직원들과 충분한 커뮤니케이션이 필요합니다. 그렇지 않다면 남은 직원의 회사에 대한 로열티가 떨어지고 조직 문화가 침체되는 것은 피할 수 없습니다.

모든 추이는 추이일 뿐입니다. 얼마든지 대내외 변수로 변동 가능합니다. 추이를 맹목적으로 신뢰하고 의사결정을 해서는 안됩니다.

간단하게 보는 채용 실무

프로세스

앞에서 언급하지 않은 내용을 중심으로 간략하게 작성하였습니다. 회사 규모에 따라 다를 수 있음을 감안하세요.

기획 및 보고

콘셉트, 프로세스, 검증 포인트, 지원서 양식, 채용 인원, 입사 예정일, 공고문 콘셉트, 채용 홍보 계획, 예상 소요 예산 등

채용 니즈 확인 및 보고(현업에 충원요청서 양식 송부 및 취합), 의사 결정 사항 현업에 전달

공고 등 사전 작업

채용 공고, 홍보물 시안 작업 및 확정, 서류/면접 등 전형위원 및 진행요
원 선정

홍보 및 접수

채용 홍보(취업포털, 캠퍼스 리쿠르팅, 커뮤니티 등), 지원서 접수, 채용
홈페이지 및 온라인 커뮤니티 모니터링, 접수 현황 보고

서류 전형

전형 진행 및 결과 보고, 지원자에게 합격/불합격 통보(필기시험 일정
포함 - 있는 경우, 합격자만), 필기 시험 준비(장소, 진행 요원 안내 등)

필기 시험

세팅(고사장 배치, 플래카드, 간식, 진행 요원, 문제 등), 응시/결시 및,
합격/불합격 현황 보고, 지원자에게 합격/불합격 통보, 면접 준비(장소,
진행 요원 등)

면접 전형

지원자에게 면접 일정 통보, 면접관에 면접 일정 등 안내, 세팅(면접 장
소 배치, 진행요원, 면접관 자료 등), 응시/결시 및 합격/불합격 현황 보
고, 지원자에게 합격/불합격 통보

> 합격자 현황 및 입사 관련 일정 등 보고, 최종합격자 안내, 배치될 부서에 안내, 컴퓨터 등 근무환경 준비, 연봉 협상 등

채용 기획

회사 상황과 인사 이슈를 해결할 수 있는 방법은 인사가 단순히 채용과 평가 등을 하는 것이 아닌 비즈니스에 긍정적인 영향을 줄 수 있는 역할까지 하는 것으로 판단하고 인사의 목적, 목표, 역할, 영역별 전략 등을 정의한 HR전략을 수립하고 그에 따른 채용 전략을 기획했습니다.

회사 상황 : 급성장하던 회사가 최근 2년간 성장률(매출, 영업이익, 시장점유율 등)이 저조합니다. 사업적으로 성장 동력이 필요한 상황입니다.

인사 이슈 : 몇 년째 같은 이슈가 반복되고 있었습니다.
  1) 신입보다 못 한 경력직 → 경력직 A의 업무를 다른 직원이 수행 → 업무 불만으로 경력직과 다른 직원과의 불화, 조직 분위기 침체
  2) 6개월의 적응 기간으로 주임, 대리급보다 잘하는 신입 → 형평성 문제로 성과와 역량에 적합한 연봉 인상 안 됨 → 1~2년 후 급여 불만으로 이직 → S/A급 신입의 이직 가속화 → 조직 분위기 침체

3) 회사의 허리급 인력(과/차장급)의 경쟁사 이직 → 조직 분위기 침체
※ (1), (2), (3)의 이슈는 평가, 보상 챕터에서 다루어 집니다.

 채용 기획은 회사 상황, 현재까지 채용에서 개선되어야 할 부분 등을 고려하여 '이번 채용은 어떤 콘셉트로 한다.'를 도출하고 콘셉트에 맞추어 프로세스, 검증 포인트, 지원서, 공고문 콘셉트, 채용 홍보 계획 등을 만들어 내는 과정입니다. 이전에 재직했던 회사에서 기획했던 사례를 일부 보여드리니 참고하세요. ※ 콘셉트를 도출하는 과정은 개념적인 부분이 많습니다.
 HR 전략 중에 채용의 콘셉트는 '성장 가능한 인재 채용'이었습니다. 성장 가능성이 있고 회사에 활력을 불어 넣을 수 있는 에너지 가득한 사람을 채용하는 것을 채용의 목표로 설정했습니다. 성장 가능한 인재는 교육 심리학과 철학(소크라테스)의 배움의 4단계에서 힌트를 얻어 정의하였습니다.

 알지 못한다는 사실을 알지 못한다. 시작도 못한 상태. 알지 못한다는 사실 조차 알지 못하므로 배움에 대한 욕구나 필요성도 없습니다.

알지 못한다는 사실을 알고 있다. 앞의 모르는 상태에서 어떤 계기를 통해 '알지 못한다는 사실을 알고 있는' 상태로 옮겨 가면, 이때 비로소 배움에 대한 욕구와 필요성이 생겨납니다.

알고 있다는 사실을 알고 있다. 알지 못하는 상태에서 학습과 경험을 쌓으면서 '알고 있다는 사실을 알고 있는' 상태로 옮겨 가게 됩니다. 자신이 알고 있다는 사실을 의식하게 됩니다.

알고 있다는 사실을 알지 못한다. 진정한 달인, 즉 숙달의 영역인 '알고 있다는 사실을 알지 못하는 (잊고 있는)' 상태. 즉 알고 있다는 사실을 의식하지 않아도 자동적으로 몸이 그렇게 반응하는 정도의 수준에 이른 상태입니다.

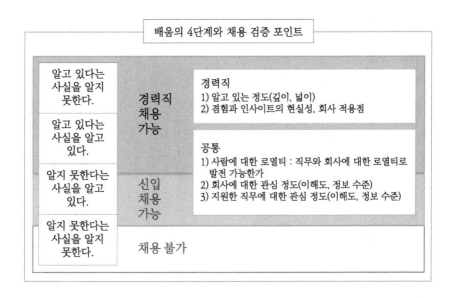

배움의 4단계와 채용 검증 포인트		
알고 있다는 사실을 알지 못한다. 알고 있다는 사실을 알고 있다.	경력직 채용 가능	경력직 1) 알고 있는 정도(깊이, 넓이) 2) 겸험과 인사이트의 현실성, 회사 적용점
알지 못한다는 사실을 알고 있다.	신입 채용 가능	공통 1) 사람에 대한 로열티 : 직무와 회사에 대한 로열티로 발전 가능한가 2) 회사에 대한 관심 정도(이해도, 정보 수준) 3) 지원한 직무에 대한 관심 정도(이해도, 정보 수준)
알지 못한다는 사실을 알지 못한다.	채용 불가	

채용 니즈 확인 (충원 요청서)

  현업의 채용 니즈는 보통 충원 요청서를 사용하며, 회사마다 양식은 다르지만 기본적으로 다음의 내용이 들어 있습니다.

충원요청서

작성 : 홍길동   확인 : 성춘향

부서명			
충원 직무		배치 예정 부서	
충원 인원		입사 희망 시기	
충원 사유			
업무 내용 (4~6개 작성)			
자격 요건			
우대 사항			

채용 홍보

공고문까지 만들었다면 지원자를 모집하기 위해 채용 홍보 황동을 합니다. 채용 홍보 방법은 크게 온라인, 그 외로 나눌 수 있습니다.

온라인

대표적으로 취업포털이 있습니다. 많은 구직자가 이용하고 다양한 기능이 있는 만큼 거의 모든 회사가 사용합니다. 홍보에 용이하고 여러 편의 기능이 있어서 손쉽게 사용 가능하지만, 취업포털로 접수 받을 경우 최소 60%는 허수 지원자에 해당하는 단점이 있습니다. 채용 홍보 외에도 취업포털에 공개된 수백만명의 인재정보에서 학교, 지역, 연령, 경력 등의 검색 조건으로 원하는 사람을 찾을 수 있는 기능이 있어서 채용 시간을 단축하고 싶은 경우 유용하게 사용할 수 있습니다.

유튜브, 페이스북 등 매체는 일정 수준의 타깃팅이 가능한 광고 매체로 채용 홍보에 적합합니다. 다만 공고문 외에 동영상, 카드 뉴스 등의 별도의 홍보 자료를 제작해야 하고 비용 또한 만만치 않습니다. 비용은 광고 세팅 시 하루 사용 예산 제한 등으로 조정 가능하니, 한 번쯤은 시도해 보는 것을 추천합니다.

스타트업의 취업 플랫폼은 최근에 유행하려고 (스스로) 노력하는 것으로 보입니다. 다만 아직 대중성이 부족하여 스타트업에 관심이 있거나 젊은 연령층 또는 IT 계열의 직종이 아닌 경우에는 홍보 채널로 한계가 있습니다. 스타트업에서 이 한계를 어떻게 해결해 나갈지 궁금합니다.

인사담당자(또는 채용 포지션의 업무 담당자) 커뮤니티는 게시판인 만큼 공고문을 그대로 사용할 수 있는 반면에 채용 관련 기능은 전혀 제공하지 않습니다. 커뮤니티 활동만 하는 경력직이 예상보다 상당히 많기 때문에 무조건 게재하는 것이 좋습니다.

그 외

헤드헌팅은 온라인 외에 많은 회사가 사용하는 채용 수단으로 비용이 많이 들지만 채용 업무 부담을 줄일 수 있다는 장점이 있습니다. 하지만 헤드헌팅 업체와의 계약 조항 중 보증 기간이 문제 되는 경우가 있으니, 헤드헌팅으로 입사한 인재의 조기 퇴사 시 환불 등의 조건을 꼼꼼하게 따져보고 다른 인사담당자에게 헤드헌팅 업체의 평판을 듣거나 추천 받아 사용하는 것이 좋습니다. 보통 연봉의 15% 이상이 수수료로 책정됩니다.

직원 또는 지인의 추천은 별도로 제도화하여 운영하며, 추천하여 입사한 경우와 재직기간을 일정 수준 충족한 경우 두 가지 나누어 인센티브를 지급하는 회사가 많습니다. 다른 채널에 비해 상대적으로 괜찮은 인재를 채용할 가능성이 높습니다. 유의할 점은 성과가 높은 직원에게 추천을 받아야 좋다는 것입니다. 인센티브는 채용 예정 직급에 따라 다르게 지급하는 경우가 많습니다.

대학교 조교실/게시판, 채용 업무 관련 전문학원 게시판은 연구, IT 등의 특정 직종인 경우에 혹시나 해서 게재하는 성격으로 효과를 기대하기 힘듭니다. 주로 신입사원 채용시에 진행하며 무료입니다.

캠퍼스 리쿠르팅은 신입사원 공개채용의 경우 활용하지만, 온라인으로 채용 정보를 접하는 경우가 압도적으로 많으므로 채용 홍보보다는 현장에서 지원자와 소통한다는 성격으로 접근하는 것이 좋습니다. 채용 홍보 PPT, 브러쉬어, 엑스배너, 플래카드, 포스터, 참석자 선물 등 준비할 것이 많지만 업무 담당자로써 현장에서 지원자를 만나는 좋은 경험이 되며, 참석자가 많을 경우 회사에 자부심도 가질 수 있습니다. 다만 캠퍼스 리쿠르팅 한다는 것이 홍보가 잘 안 되거나 시기를 잘 못 선택해서 참석자가 소수인 경우 기운 빠지는 상황이 만들어지니, 타사 일정, 시험 및 방학 기간, 전공수업 시간대 등을 필히 확인하고 계획해야 합니다.

채용박람회는 캠퍼스 리쿠르팅과는 하나의 부스에서 채용한다는 것을 홍보하는 형태로 채용 전반에 대한 설명과 질의응답, 모의면접 등으로 구성됩니다.

고용센터, 뉴스 줄광고는 중장년층의 경우가 아니면 효과가 거의 없지만 고용센터 이용자가 채용 공고를 보고 지인에게 전달할 경우와 회사 자체를 홍보하는 목적으로 게재하는 것이 좋습니다. 참고로 고용센터 게재는 무료로 가능하며 뉴스 줄광고는 비용이 소모됩니다.

TV 광고는 고비용으로 상대적으로 비용이 저렴하고 효과가 좋은 온라인으로 밀려 사용하는 회사가 극히 드뭅니다.

성장 가능성에서 내 사람이 될 가능성으로

직원으로서 인사담당자의 경험을 가지고 있을 때, 생각하는 채용할 사람은 '성장 가능성이 높은 사람'이었습니다. 대표가 되어 보니 '내 사람이 될 가능성이 높은 사람'을 채용한다로 바뀌더군요. 이런 생각은 약 50명의 대표님과 미팅을 하면서 더 확실해졌습니다.

'내 사람'은 믿고 맡길 수 있는 사람입니다. 내 사람은 내가 없더라도 내 사람이 있다면 회사/일 걱정 안 해도 되게 만드는 사람입니다. 무슨 일이든 약속한 시간 내에 일정 수준 이상의 결과물을 만들어 냅니다. 나와 회사 그리고 일이 잘 되길 바라는 마음으로 진심 어린 조언을 하고 행동합니다.

내 사람은 채용을 통해 생길 수도 있고, 기존 직원 중 누군가를 내 사람으로 만들 수도 있습니다. 대표님들과 미팅에서 이렇게 말하면 '기존 직원은... 새로 채용하는 게 좋겠어요.' 대답이 90% 이상입니다. 일정기간 함께 일하며 쌓인 이미지를 깨는 것이 거의 불가능하기 때문이죠. 그렇다면 어떻게 해야 내 사람이 될 가능성이 높은 사람을 채용할 수 있을까요? 로열티와 GRIT을 검증하는 것이 대안이 될 수 있지만, 지원자의 가면이 존재하는 한 완전하지 않습니다.

요즘은 수습기간에 단순 수습평가를 하는 것이 아닌 내 사람인지 검증하고 내 사람으로 만드는 것을 고민하고 있습니다. 제가 생각하는 것이 노동관계법, 지원자의 인식 등 감안해야 할 부분이 많지만, 그래도 인사담당자로서 고민하고 채용이 가야할 방향이 맞다고 믿습니다.

2장

평가/보상

회사의 모든 일은 회사 성장에 기여해야 한다.

평가/보상은 왜 할까

인사담당자, 대표님에게 인사에서 가장 어렵고, 중요하게 인식되는 것은 평가/보상입니다. 평가/보상이 인사의 꽃이라는 말이 있을 정도입니다. 그래서일까요. 국내외 인사 관련 서적과 자료 중 가장 많은 것이 평가/보상 관련된 것입니다. 이들은 업무 역량을 향상하는 데 도움이 되지만 당장 눈 앞의 과제와 이슈를 해결하는 것과 살짝 거리감이 있습니다

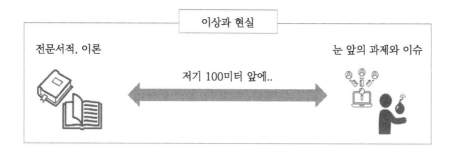

자신만의 답을 찾으세요

거리감을 줄이는 빠른 방법은 평소에 '평가는 왜 하는가, 보상은 왜 하는가?'를 생각하고 자신만의 답(철학)을 찾는 것입니다. 그 답을 기준으로 전략과 세부 제도를 정렬하고 정렬이 잘 안 되면 찾았던 답에 미흡한 부분이 있는 것으로 판단하고 답을 다듬는 것이 좋습니다.

인사는 의사결정, 노동관계법, 트렌드, 경영층/리더/직원의 심리 사이에서 균형을 맞추는 것이 중요한 일입니다. 주어진 과제와 예상되거나 발생한 이슈가 있을 때 무엇에 중심을 두고 해결할지 결정하는 순간 중심이 되는 것이 자신만의 답입니다. 인사를 하면서 기준이 되는 저의 답은 다음과 같습니다.

제가 찾은 답	
인사는 무엇인가?	사람의 마음을 다루는 일
인사의 목적은 무엇인가?	회사 성장에 기여하는 것
평가는 왜 하는가?	회사 성장에 기여하기 위해
보상은 왜 하는가?	(상동)

평가/보상은 회사 성장에 기여하기 위해 한다는 답을 찾기 위해 다음과 같은 사고 과정을 거쳤습니다.

① 평가는 왜 하지? → 누가 잘하고 못했는지 알기 위해서 하지.
② 알아서 뭐해? → 그래야 상을 줄지 벌을 줄지 아니면 아무것도 안 할지

결정하지. 상은 연봉 인상, 성과급 등의 금전이나 승진, 표창, 칭찬 등의 비금전이 될 수 있고 벌은 연봉 인상을 안 하거나 연봉을 삭감하는 것, 성과급을 지급 안 하는 것이 될 수도 있고 징계 조치가 될 수도 있지.

③ 상, 벌은 왜 줘? → 상은 잘했다, 앞으로도 잘 부탁한다고 주는 것이지. 앞으로 성과를 위해 동기 부여하는 것이고 벌은 못했다, 노력하라고 주는 것으로 앞으로 저성과 방지 차원에게 주는 것이지.

④ 동기 부여, 저성과 방지는 왜 해? → 동기 부여는 좋은 성과를 내도록 하는 것이고 저성과 방지는 저성과를 만드는 업무 스타일, 행동, 태도 등을 교정해서 회사 전체의 성과를 높이는 것으로 둘 다 앞으로 더 나은 성과를 위해 하지.

⑤ 더 나은 성과는 왜 필요할까? → 회사의 비전/미션/목표를 달성하기 위해 필요하지, 비전/미션/목표를 달성하기 위해서 필요한 것은 회사 성장이구나! 하지만 인사의 성격을 감안할 때 인사의 힘만으로 회사가 성장한다고 할 수 없으니 **평가/보상을 하는 이유는 회사 성장에 기여하는 것**이 더 적합하겠다.

부끄럽게도 창업 경험을 가진 이후 인사를 포함한 모든 일은 회사 성장

에 기여해야 하며, 담당자는 이를 위해 무엇을 어떻게 할 것인가를 끊임없이 고민하고 실행하고 개선해야 한다는 생각을 하게 되었습니다. 이전에는 '평가로 육성한다, 합리적인 보상을 위해 평가한다' 같은 생각만 가지고 있었습니다.

나만의 답을 나 이외의 사람이 받아들이려면, 답을 쉽고 명확하게 표현할 수 있어야 합니다. '그게 뭐? 당연한 것 아니야?'라고 보여질 정도여야 합니다. 누구나 말하고 쓸 수 있지만, 누구나 실행할 수 없는 것을 표현할 수 있다면 제대로 된 답을 찾았다고 할 수 있습니다.

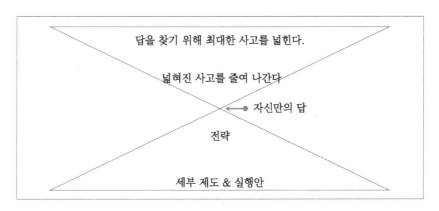

답을 찾는 과정은 도서를 순서대로 보면 쉽게 이해할 수 있습니다.

한 단계 성장하고 싶은 대표님과 미팅

  A회사는 앱스토어, 플레이스토어에서 카테고리 2~3위 정도 하는 앱을 서비스 중입니다. 대표님은 30대 초반으로 회사를 한 단계 성장시키고 싶은 마음으로 저와 미팅하게 되었습니다.

대표님 : 회사가 급속도로 커지다 보니, 인사의 중요성이 더 와 닿았습니다. 세미나도 가고 책도 사 보고 자료도 찾아봤는 데 제 생각에 지금 필요한 게 평가제도를 도입하는 것이라 생각합니다.

rebound : 대표님께서 충분히 검토하셨겠지만 평가를 도입하면 장점도 있지만 단점도 있습니다. 장점은 도입하고 운영하는 의도대로 되었을 때 발생할 수 있지만 단점은 회사의 의도와는 무관하게 발생할 수 있습니다.

대표님 : 단점이 무엇인가요?

rebound : 사내 정치가 생길 수 있고 평가가 직원 불만 또는 퇴사 요인이 될 수 있다는 것입니다. 또한 평가로 인해 분위기가 삭막해질 수 있습니다.

대표님 : OKR은 어떤가요?

rebound : OKR도 좋지만 먼저 생각해야 할 게 있습니다. OKR을 도입하고 운영할 수 있는 인사담당자가 있는지, 우리 회사는 평가 제도를 얼마큼 성숙하게 받아들이고 있는지를 생각해야 합니다. 안타깝지만 대표님 회사는 시기상조라고 생각합니다. 하지만 평가 제도를 도입하면서 한 가지만 제대로 하면 빠르게 성숙도를 올릴 수 있습니다.

대표님 : 그게 무엇인가요?

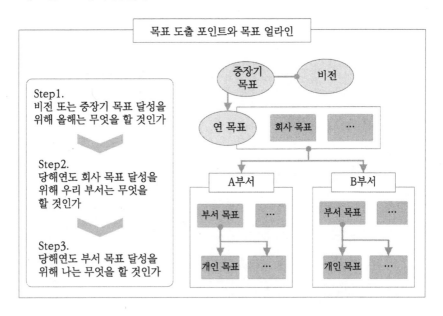

rebound : 회사, 부서, 개인 목표를 정렬하는 것입니다. 회사 목표가 유 저 100만명, 매출 200억인 경우 이 목표를 달성하기 위해서 각 부서는 무엇을 할 것인지, 개인은 부서 목표 달성을 위해 무엇을 할 것인지 목표를 세우는 것입니다. 정렬의 핵심은 목표의 명확 한 배분에도 있지만 직원이 자신이 하는 일이 회사 목표에 기여 하는 바를 인지하고 일을 하게 만드는 것에 있습니다.

대표님 : 목표의 정렬은 나름대로 했던 것 같은 데 직원들이 자신의 일과 회사의 목표를 연결 짓지는 않았을 것 같습니다. 그냥 주어진 일 이라 생각했었을 것 같네요.

rebound : 목표를 정렬하는 방법은 간단합니다. 목표 수립 양식에 회사 목표, 부서 목표, 개인 목표를 모두 작성하면 됩니다. 양식은 다 음과 같습니다. 물론 단순한 작성이 아닙니다. 크든 작든 나의 목표 달성되면 부서 목표와 회사 목표에 기여할 것이 예상되어 야 합니다.

간혹 회사 목표 없이 부서와 개인의 목표 작성을 요구하는 경우

목표 수립 양식

0000년 목표 수립

작성자 : 0000팀 OO

목표 정렬		나의 목표	내가 할 일 (일이 완료되는 큰 과정)	완료 시기	업무 비중	평가 기준
회사 목표	부서 목표					

가 있습니다. 회사 목표를 먼저 제시하지 않는 것은 큰 방향성 없이 일단 '뭐 할 거야?'라고 물어보는 것입니다. 이렇게 목표를 세우면 부서와 개인을 놓고 보면 하려는 것이 명확하고 달성하면 좋을 수 있지만, 회사의 에너지가 한 방향으로 집약되지 않으니 비효율이 발생하고 회사가 성장하는 것은 요원해질 수밖에 없습니다.

대표님 : 마치 제 이야기를 듣는 것 같아 부끄럽네요. 목표를 정렬하는 것이 매출이나 방문자처럼 정량적으로 성과를 측정할 수 있는 일은 괜찮은 데, 경영지원처럼 정량적으로 측정되지 않는 일은 어떻게 하죠?

rebound : 지원 업무처럼 숫자로 성과를 측정하기 어려운 경우 과정을 지표화 해서 평가할 수 있습니다. 인사담당자 목표 중 하나가 합리적인 평가 제도 운영인 경우 이를 위해 해야 할 일을 간략히 기술(앞 목표 수립 양식의 '내가 할 일'에 해당)하고 어디까지 하면 평가등급 S, 어디까지 하면 등으로 정하는 식입니다.

매출 부서의 경우 특성상이 정량 수치가 중요하지만 무조건 매출로 평가하면 부작용이 생길 수밖에 없습니다. 매출이 예상 보다 안 나왔다고 평가를 안 좋게 받으면 어떨까요? 직원은 자신의 노력을 몰라 주는 회사를 원망하고 동기 저하될 것입니다. 물론 직원도 매출이 안 좋으면 평가가 낮을 수밖에 없다는 것은 알고 있습니다. 알고 있더라도 그 성과를 만들기 위한 많은 노력들을 헛고생한 것처럼 느껴지겠죠. 수능 점수 하나로 대학 입학을 결정하는 것과 같습니다.

	정성 평가 기준			
S	A	B	C	D
평가에 대한 직원만족도 상향 (전년대비 10% 이상)	평가에 대한 직원만족도 상향	합리적 평가를 위한 평가제도 개선안 시행	합리적 평가를 위한 평가제도 개선안 기획	

대표님 : 성과 외에 역량도 평가해야 한다는 것을 말씀하시는 거죠?

rebound : 그렇게 생각하실 수 있지만 다릅니다. 역량 평가는 성과를 내기 위해 필요한 능력을 얼만큼 가지고 있는가를 평가하는 것이고 성과 평가는 일을 수행해서 얻은 성과를 평가하는 것입니다. 마케팅을 예로 들면 마케팅 업무를 통해 얻고자 하는 성과가 회원 100만명 유치이고 그 성과를 위해 필요한 역량은 마케팅 기획 중급 이상, 카피 라이팅 중급 이상 등이면 이 역량을 얼마큼 가지고 있고 발휘되었는지 평가하는 것이 역량 평가입니다.

목표 합의

0000년 목표 수립

작성자 : 0000팀 000

목표 정렬		나의 목표	내가 할 일 (일이 완료되는 큰 과정)	완료 시기	업무 비중	평가 기준
회사 목표	부서 목표					
매출 000 달성	신규 고객 00건 유치	신규 고객 20건 유치	1. 잠재 고객 발굴 / 부서 공유 ...	상반기 내	30%	신규 고객 유치건수

말씀드리고 싶은 것은 과정과 결과를 모두 평가해야 한다는 것입니다. 과정을 평가한다는 것은 목표 합의와 같이 목표를 수립하는 단계에서 목표를 달성하기 위해 올바른 과정을 거칠 계획인지 리뷰하는 것입니다. 평가라는 단어를 사용했지만 실제로 평가를 하는 것은 아니에요.

과정 리뷰는 회원 100만을 유치하기 위해 수행하는 마케팅 전략을 세운다, 온라인 마케팅 채널을 발굴한다 등의 과정을 점검하는 것입니다. 목표 수립 양식의 '내가 할 일'에 과정을 작성하고 목표 합의 과정에서 리뷰하고 보완합니다.

과정 리뷰의 목적은 목표 수립 단계에서 올바른 과정을 거쳐 일을 진행할 것인지 사전에 리뷰하고 잘못된 부분은 보완하고 특정 과정을 수행하기에 부족한 지식, 스킬 등이 있다면 관련 교육을 듣게 해서 목표를 달성하게 만드는 것입니다.

역량 평가가 평가 이후에 개발할 역량이 무엇인지 알 수 있는 것에 더 치우쳐져 있는 반면에 과정 리뷰는 목표 수립 단계에서 일이 되도록 만드는 것에 중심을 두고 있다는 점에서 목표 달성에 더 효과적입니다.

대표님 : 말씀은 잘 알았습니다. 일의 과정을 사전에 정리하고 부족한 부분을 준비하는 것이 역량 평가보다 현실적이네요. 그런데 영업이나 개발 부서처럼 결과가 더 중요한 부서가 있고 그렇지 않은 부서가 있는 데 어떻게 하나요? 보여 주신 목표 수립 양식에 업무 비중은 있지만 과정이나 결과에 가중치를 주는 부분은 없는데요.

rebound : 일단 과정은 평가하는 개념이 아닙니다. 목표 달성을 어떻게 할 것인지 리뷰하고 보완하는 것입니다. 그러니 과정과 결과에 대한 가중치를 기재하는 칸이 없는 것이 당연합니다. 그렇더라도 역량/성과 평가의 가중치에 익숙한 우리는 과정과 결과에도 가중치가 있어야 하는 것 아닌가 하는 의구심이 들 수 있습니다.

음.. 다른 회사가 하는 평가제도를 대표님 회사에 도입했다고 가정하고 직원을 평가할 때, 평가 항목마다 평가하고 평가한 점수/등급에 가중치가 곱해져서 나온 값을 합해서 성과, 역량 평가 점수가 도출될 것입니다. 그리고 성과, 역량의 가중치를 곱해서 종합평가 결과가 도출될 것입니다. 이 결과가 대표님이 생각하는 평가 결과와 다르다면 어떻게 하실 것 같나요?

평가자가 평가 결과를 바꿀 때

유형	평가 항목			평가유형		평가유형결과	종합점수
	항목	가중치	점수	계	가중치		
성과평가	…	30%	21	80	70%	56	81
	…	30%	26				
	…	…	…				
역량평가	…	40%	37	84	30%	25	
	…	30%	22				
	…	…	…				

생각한 거랑 다른 데..

대표님 : 받아들이거나 과정, 결과 점수를 수정해서 제가 생각한 결과가 나오도록 만들 것 같습니다.

rebound : 왜 수정할 생각을 하시나요?

대표님 : 제가 생각한 것과 다르니까요.

rebound : 제가 만나본 리더의 90% 이상은 자신의 생각과 같지 않다면 같게 나오게 만든다고 대답했습니다. 그렇게 수정될 것이라면 왜 가중치를 작성하고 계산하는 작업을 해야 할까요?

저는 불필요한 것이라고 생각합니다. 목표별로 가중치에 따라 계산하는 것도 마찬가지입니다. 목표별로 점수를 매기고 가중치를 곱해서 나온 평가결과가 리더의 생각과 다르면 리더는 목표의 점수를 수정해서라도 자신의 생각과 평가 결과를 같게 만듭니다.

많은 리더가 제도가 설계된 대로 따르지 않고 이런 행동을 하는 이유는 무엇보다 자신이 결정한 것을 믿기 때문입니다. 이것은 리더로서 의사결정에 해당하므로 존중되어야 합니다. 그렇다면 바뀌어야 할 것은 제도입니다. 괜히 복잡한 계산 과정을 거치게 만들지 않고 리더의 의사결정을 존중하기 위해서 가중치는 없애는 것이 맞습니다. 불필요한 곳에 에너지를 쓰지 말고 중요한 목표 정렬과 직원이 제대로 일을 할 계획인지 점검하고 도와주는 것에 집중하는 것이 목표 달성에 적합합니다.

참고로 평가의 목적은 누가 잘하고 못 하고 밝히기 위한 것이 아니라 회사의 목표를 달성하는 것에 초점을 맞추는 것이어야 합니다.

대표님 : 그럼 역량 평가는 안 하나요?

rebound : 역량 평가는 안 합니다. 평가의 목적이 목표를 달성하는 것과 리더가 직원의 역량을 판단할 만한 수준의 역량을 갖추고 있을까? 하는 의문이 있기 때문입니다. 리더와 리더가 아닌 직원의 차이는 역할의 차이만 있을 뿐, 업무 역량의 차이라고 보기는 힘들다는 사실을 잊지 말아야 합니다.

대표님 : 성과 평가도 비슷하지 않을까요?

rebound : 성과 평가는 팀원의 성과가 부서 성과 또는 회사 성과에 기여한 바를 기준으로 결과를 결정합니다. 만약 이것을 제대로 측정할 수 없다면 리더로서 자격을 의심하는 것이 맞습니다.

대표님 : 맞는 말씀이에요. 직무 역량이 우수하면 좋지만 꼭 그런 직원이 리더를 하는 것은 아니니까요. 앞서 보여주신 양식으로 목표를 수립하고 합의하면서 과정을 리뷰하고 보완한다는 말씀이군요. 그럼 평가는 어떻게 하죠? 양식에 있는 업무 비중이 가중치 같은데 목표별로 평가하고 점수를 합해서 결과를 만드는 방식인가요?

rebound : 업무 비중은 가중치와 같다고 생각할 수 있지만, 단순 참고 사항일 뿐입니다. 앞서 가중치가 무의미하다는 것을 기억하시죠? 평가 항목별로 가중치도 마찬가지입니다.

대표님 : 항목별로 평가 안 해도 되나요?

rebound : 네, 대신 리더가 해야 할 중요한 것이 있습니다. 피평가자 작성한 성과에 대해 목표별로 피드백 하는 것입니다. 목표 달성을 촉진하는 것이 피드백의 목적입니다. '피드백'이라는 단어는 감독/감시/점검 후 결과를 전달하는 뉘앙스를 느낄 수 있으니 회사 분위기에 맞게 표현을 바꾸는 것도 좋습니다.

대표님 : 피드백은 언제 하는 게 좋나요?

rebound : 피드백을 넓게 본다면 긍정적인 것은 즉시, 부정적인 것은 한 번 더 생각해 보고 하는 것이 좋습니다. 목표와 관련해서는 매월, 격월, 분기, 반기와 같이 주기적으로 하는 것이 좋습니다.

대표님 : 피드백을 위해 준비해야 할 것이나 양식 등이 있나요?

rebound : 피평가자는 미팅 전에 진행사항과 중간성과를 정리하여 평가 자에게 제출합니다. 평가자는 받은 자료를 확인하고 잘한 점, 개 선 점, 기대하는 것을 정리하여 피평가자가 마음껏 의견을 말할 수 있는 편안한 분위기에서 구두로 진행하는 것이 좋습니다. 구 두 피드백 후 피평가자의 의견을 정리하여 최종적으로 양식에

┌─ 피평가자의 성과 작성 및 평가자의 피드백 작성 ─┐

0000년 2월 성과 및 피드백

작성자 : OOO SAMPLE OOO

목표 정렬		나의 목표	나의 성과	피드백	공개 여부
회사 목표	부서 목표				
매출 000 달성	신규 고객 00건 유치	신규 고객 20건 유치	1. 잠재 고객 40건 발굴 2. 모든 잠재 고객에 CALL, DM, 방문 3. 신규처 확보 6건 …	잠재 고객 발굴부터 신규처 확보까지 상당히 빠른 시일에 달성했다는 것 알고 있어요. 나 때는 상상도 하기 힘든 성과라서 스스로 부끄럽기까지 하더군요. … ※ 잘한 점, 개선 점, 기대하는 점 등을 대화하듯 작성하세요.	X

내용을 작성합니다.

대표님 : 가중치 다 뭐다 없어지니 확실히 평가가 단순해지는 느낌이네요. 피드백은 주기적으로 한다면 언제 하는 것이 효과가 좋나요?

rebound : 피드백은 회사 상황에 맞추어 하면 됩니다. 경험상 분기 1회 는 피드백 효과가 적고, 월 1회는 직원들이 부담스러워 하더군 요. 목표 수립 후 격월로 하는 것을 추천합니다. 참고로 긍정적 인 피드백을 포함해 정기 피드백시 필요한 경우 금전, 비금전 보 상을 하면 피드백의 효과는 더 좋아질 수 있습니다.

대표님 : 금전, 비금전 보상은 어떻게 해야 하나요? 성과급을 주거나 해도 그때 뿐이던 데요.

rebound : 금전 보상은 인센티브, 성과급과 같은 정형화되고 주기적인 성격도 좋지만 격려금, 가족 식사비 등과 같이 필요에 따라 액수 와 상관없이 예상하지 못한 순간에 현금 또는 현금성으로 손에 쥐어 주는 것이 효과가 좋습니다. 그 이유는 말 그대로 보상이 피부에 와 닿기 때문입니다. '이게 왠 거야?'라고 느껴지죠.

반면에 정기적인 보상은 예측되고 자신이 마땅히 받아야 할 것 이라고 생각하기 때문에 금액이 많아도 회사가 기대한 것보다

보상의 효과가 적습니다. '음~ 나왔구나.' 정도로 받아들여집니다. 비금전 보상은 고생한 것, 열심히 한 것, 신경 쓴 것 등을 알아주는 것만 해도 절반 이상은 성공입니다. 나머지 40%는 지지하는 눈빛과 표정, 말투, 이모티콘으로 채우세요. 이외에 다른 표현은 다음에 하는 게 좋습니다. 방법은 이메일, 메신저, 구두 등 무엇이든 상관없이 즉시 표현할 수 있으면 됩니다. 필요시 사내 표창을 하는 것도 좋지만 즉시성은 떨어집니다.

더 자세한 방법은 자녀 양육 서적을 보면 상당히 잘 나와 있습니다. 대상이 어른이냐 아이냐 차이만 있을 뿐 방법은 거의 같습니다. 성인을 대상으로 하는 코칭, 동기부여 서적보다 어떻게 말할지는 더 뛰어납니다.

추천 도서

칭찬의 역효과

※ 아이를 부하 직원, 부모를 리더에 대입해서 생각해 보세요.

(중략)

특히 물질적인 보상으로 주는 칭찬은 주의해야 합니다. 단기적으로는 효과가 있을지 모르지만 장기적으로는 같은 효과를 얻기 위해 점점 더 큰 상을 주어야 하거나, 아이의 순수한 자기 성취감과 몰입의 즐거움을 빼앗을 수 있습니다. 따라서 굳이 칭찬을 한다면 **과정에 참여하면서 부모의 긍정적 정서를 함께 나누는 것이 더 중요합니다.**

하지만 모든 칭찬이 좋은 것도 아니고 또 나쁜 것도 아닙니다. 도움이 되는 칭찬과 역효과를 내는 칭찬의 차이를 알고 균형 있게 하는 것이 중요합니다. 칭찬도 도움이 되는 칭찬과 도움이 되지 않는 칭찬이 있습니다. 즉 칭찬을 잘못했을 경우 오히려 아이에게 해를 끼칠 수 있으므로, 제대로 칭찬하는 방법을 알아두도록 합니다.

바람직한 칭찬 방법

결과보다는 노력이나 행동에 대해 칭찬한다.

"우리 경아가 1등을 했네. 정말 잘했네."

"와, 그림 정말 잘 그리는구나, 그림 대회 나가면 1등은 문제없겠다."

과정보다는 결과를 중시하는 사회 분위기 때문인지, 부모들도 결과에 대한 칭찬을 많이 합니다. 하지만 이런 칭찬 역시 아이에게 도움이 되지 않습니다. 결과보다는 그러한 결과가 있기까지 아이가 노력한 과정이나 행동을 칭찬해야 합니다.

"그동안 열심히 공부하더니 성적이 많이 올랐구나. 네가 정말 자랑스러워."

"엄마가 손님이 와서 정신이 없었는데, 동생이랑 잘 놀아줘서 고마워."

이렇게 칭찬을 해야 아이도 부담을 느끼지 않고, 더 잘하고 싶은 마음이 듭니다. 1등을 한 결과를 놓고 칭찬한다면 '다음에 1등 못하면 어쩌나', '그림을 잘 그리지 못하면 어쩌나'하고 부담스러워합니다. 혹시라도 부모의 기대치에 미치지 못할까봐 불안해합니다.

적절한 타이밍에 칭찬한다.

칭찬을 할 때도 타이밍이 중요합니다. 아이가 바람직한 행동을 했을 때 즉각 반응을 해주는 것이 가장 좋습니다. 하필이면 그때 부모의 기분이 엉망진창 이어서 무심코 지나쳤다가, 나중에 기분이 풀리거나 상황이 조금 수습이 되었을 때 새삼 칭찬을 하는 경우가 있습니다. 하지만 이는 아이에게 혼란을 줄 수 있습니다. 불가피하게 즉시 반응을 해주지 못했을 때는 나중에라도 칭찬을 하는 것이 좋은데, 이때도 하루를 넘기지 않는 것이 좋습니다. 기억은 대개 상황 속에서 감정과 함께 저장되는데, 당시의 상황과 감정에서 한참 벗어난 후의 칭찬은 상황적으로 기억으로 남기 어렵습니다.

칭찬의 이유를 구체적으로 설명한다. (내용 생략)
성격이나 인격에 대해 칭찬하지 않는다. (내용 생략)

대표님 : 피드백도 그렇고 동기 부여를 해서 목표를 달성하게 만든다는 것이군요.

rebound : 맞아요. 참고로 동기 부여의 핵심은 동기 부여된 상태가 계속 유지될 수 있도록 만드는 것입니다.

대표님 : 동기 부여된 상태가 무엇이죠?

rebound : 대표님은 언제 일이 잘 되나요?

대표님 : 글쎄요. 좋아하는 음악 들으면서 일 할 때나 매출이 잘 나올 때나
전환율이 높을 때 등 다양하죠.

rebound : 좋아하는 음악을 듣고, 매출이 잘 나오고, 전환율이 높으면 기
분이 어떠시나요?

대표님 : 좋죠.

rebound : 그렇죠. 우리는 자신이 좋아하는 상황에 처해졌을 때 기분이
좋습니다. 기본적으로 기분이 좋으면 일도 잘 되죠. 이 상태가 동
기 부여된 상태라고 말할 수 있으며, 이 상태가 계속 유지되면 기
존보다 더 나은 성과를 만들 수 있습니다. 앞서 말한 금전 보상의
비정기성과 비금전 보상의 즉시성이 동기 부여된 상태를 유지하
는 데 큰 도움을 줄 수 있습니다.

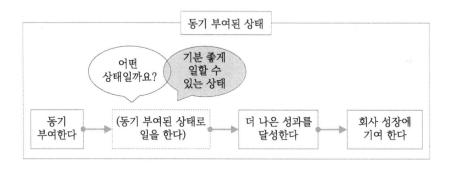

대표님 : 목표별로 피드백하는 것과 동기 부여는 이해했습니다. 목표별로
평가를 하는 것이 의미 없다는 것도 이해했어요. 이해는 했지만
평가를 하는 이상 결과는 나와야 하는 데..

rebound : 평가 결과는 무엇이 나와야 한다고 생각하시나요?

대표님 : 등급이든 점수든 등수든 나와야죠.

rebound : 그렇게 나온 평가 결과를 연봉 인상, 성과급, 승진, 저성과자 등에 사용하려 하시는 거죠?

대표님 : 네 맞아요.

rebound : 평가 등급, 점수, 등수가 없어도 그것들을 할 수 있다면 어떨까요? 평가 등급 등의 평가 결과로 동기저하 되는 직원이 60% 이상이라도 필요할까요?

대표님 : 아.. 그럼 다시 생각해 봐야지요. 그런 데 동기 부여되는 40%는 우수한 직원 아닐까요? 그 직원들을 위해서라도 평가 등급이 나오는 게 좋을 것도 같은 데..

rebound : 40%에는 동기 부여되는 직원과 동기 부여도 저하도 되지 않는 직원이 포함되어 있습니다. 동기 부여되는 직원은 아무리 잘봐도 10%가 미만입니다. 그 이유는 자신을 객관적으로 볼 수 있는 사람은 극히 드물다는 것과 앞서 이야기한 평가자가 피평가자를 평가할 만한 수준이 되는가에 있습니다.

대표님: 그렇기는 한 데.. 목표별로 평가를 안 하고 평가도 등급, 점수가 안 나오는 게 어색하네요.

rebound : 네, 어색하죠. 이전의 저라도 대표님과 같이 생각했을 거예요. 하지만 다시 생각해 보세요. 우리가 평가를 하려는 목적이 무엇인지를 말이에요. 누가 등급이 무엇이고 점수가 무엇이고 이것을 위해 평가를 하는 것인가요? 평가의 목적은 목표를 달성하도록 만드는 것이고 달성 정도에 따라 연봉 인상하고 보너스 주고 승진시키고 이것을 통해 동기부여하고 더 나은 성과를 만들어 회사 성장에 기여하는 것이에요.

대표님 : 평가 결과가 안 나오는 데 어떻게 연봉 인상 등을 하죠?

rebound : 연봉 인상 등을 위해 필요한 의사결정만 하는 것이죠. 다음 양식은 리더의 역할을 기준으로 평가한다는 점에서 피평가자의 세부적인 성과와 역량을 평가하는 기존 평가와 다릅니다.

평가 등급 없는 평가					
1) 당신의 임금과 보너스 금액으로 이 직원의 임금과 보너스를 인상해 줘도 괜찮은가?	매우 그렇다 ( )	그렇다 ( )	보통 ( )	아니다 ( )	전혀 아니다 ( )
2) 이 직원의 성과와 태도를 고려했을 때, 계속 같은 팀이기를 바라는가?	매우 그렇다 ( )	그렇다 ( )	보통 ( )	아니다 ( )	전혀 아니다 ( )
3) 이 직원은 낮은 성과를 낼 위험이 있다.	네 ( )		아니오 ( )		잘 모르겠다 ( )
4) 이 직원이 오늘 승진한다고 해도 전혀 이상하지 않다.	네 ( )		아니오 ( )		잘 모르겠다 ( )

이 양식으로 평가한다면 일반적인 회사에서 1차 평가자에 해당하는 리더가 위 평가표를 작성하고 2차 평가자와 관할 1차 평가자가 모두 모여 평가 회의를 진행하는 것이 적합합니다. 평가 회의에서 평가표의 1), 4)번의 내용을 중심으로 직원의 성과를 논하고 임금과 보너스 인상, 승진에 대한 의사결정을 합니다.

평가 회의에 사용할 수 있도록 인사담당자는 인건비 시뮬레이션을 통해 2차 평가자가 관할하는 부서의 인건비 인상 재원과 승진 가능 인원을 산정하여 자료로 제공합니다.

평가표의 2), 3)번의 내용은 민감한 사항에 해당하므로, 2차 평가자와 해당 직원이 있는 1차 평가자의 개별 미팅으로 의사결정하는 것이 좋습니다.

의사결정으로 나와야 할 사항은 직원별 인건비 재원 분배(연봉 인상, 보너스)와 승진 후보자 명단 등입니다. 승진 후보자의 경우 모든 2차 평가자의 것을 취합하여 인사위원회에서 심의하여 결정합니다. 평가 회의가 종료 후에 사용한 평가표는 폐기합니다.

대표님 : 전반적으로 혁신적이라 해도 될까 하는 의문이 있습니다.

rebound : 충분히 그러실 수 있습니다. 대표님 회사는 평가를 도입하는 초기 단계이니, 초년도에는 앞서 이야기한 목표 정렬에 집중하는 것이 좋겠습니다.

미팅 내용은 대다수 회사의 평가와 다른 점이 많습니다. 기존 평가 제도에 변화를 주고 싶다면 참고할 만 있지만, 기존 제도를 개선하는 정도만 원하는 경우 목표 정렬, 성과 피드백, 평가 오류 개선 등부터 점검하는 게 좋습니다.

평가 제도 도입 전이라면 먼저 '4장 그 외 인사'의 직무분석을 활용하여 회사 업무(TASK)를 정의합니다. 그 다음 업무를 어떤 기준으로 평가할 것인지 임직원과 합의를 거쳐 평가 양식(앞의 목표 수립, 평가 양식 참고) 등을 만드는 것을 추천합니다.

다면 평가, 동료 평가

전통적으로 하는 상사 평가만으로 부족하다 판단한 회사는 다면평가, 동료평가(이하 통칭하여 다면 평가로 작성)를 도입합니다. 상사 평가의 단점을 줄이는 의도와 새로운 시도는 좋지만, 다면 평가에 있어 주의할 점이 있습니다.

첫 번째, 누가 누구를 평가하는 게 맞는 거야.

철수씨는 같은 팀 영희씨를 평가해야 합니다. 같은 팀이라도 하는 업무가 다른 데 어떻게 평가해야 할지 모르겠습니다. 철수씨는 그냥 좋게 주었습니다. 준태씨는 철수 선배를 평가해야 합니다. 철수 선배가 일 가르쳐 줄 때 까칠하게 군 게 생각나서 안 좋게 주었습니다. 영희씨는 기획팀 민호씨를 평가해야 합니다. 미팅 몇 번 했을 뿐인데 다면 평가를 하라니 참

이상합니다. 별생각 없이 보통으로 평가했습니다.

두 번째, 어떤 것을 평가해야 하는 거야.
철수씨가 영희씨를 평가하는 항목에 '협업'이 있습니다. 점심 먹고 커피만 마셨을 뿐인데.. 그냥 좋게 주었습니다. 준태씨가 철수 선배를 평가하는 항목에 '업무 역량'이 있습니다. 선배 역량을 어떻게 평가하나 싶긴 하지만 까칠하게 군 것이 마음에 안 들어 안 좋게 주었습니다. 영희씨가 민호씨를 평가하는 항목에 '업무 역량'이 있습니다. 기획팀에 필요한 역량도 모르고 민호씨가 어떤 지도 모르는데.. 그냥 보통으로 평가했습니다.

앞의 의문을 조금 개선하는 방법
평가자-피평가자 매칭. (누가 누구를 평가하는 게 맞는 거야.)
기본은 같은 팀 구성원 간에 합니다. 평가 전에 자신을 평가할 사람과 자신이 평가할 사람을 확인하고 부적절한 경우 직속 상사의 승인하에 없애거나 추가 가능하는 것이 좋습니다. 또한 직속 상사는 필요에 따라 특정 직원을 평가자 또는 피평가자를 추가합니다. 이때 공정한 평가를 위해 팀 구성원의 각자의 평가자들은 다른 팀원에게 공개되도록 합니다.
평가 항목. (어떤 것을 평가해야 하는 거야.)
공통 역량으로 평가하거나 정의된 것이 없으면 의사소통, 능동적인 자세 등과 같이 모든 직원이 평가하기 수월한 것으로 구성하는 것이 좋습니다. 리더의 다면 평가는 리더십 역량으로 평가하거나 정의된 것이 없으면 명확한 업무지시, 현명한 의사결정, 조직 장악력 등과 같은 일반적인 리더십 항목으로 구성하는 것이 좋습니다.

평가 항목에서 선택할 수 있는 선택지는 '그렇다, 아니다, 잘모르겠다'로 구성합니다. 가령 능동적인 자세의 경우 다면평가 항목은 '이 직원은 업무나 회사 생활에 있어 능동적인 자세로 임하고 있습니까?'로 만듭니다. 다면평가자들의 답변 중 '잘모르겠다'를 제외한 '그렇다'와 '아니다'만 추출하여 인사 관련 의사결정에 참고합니다. 참고로 다면평가는 좋게 평가를 하는 경우가 많기 때문에 '아니다'로 평가한 결과를 활용하는 것이 좋습니다.

대다수 기업에서 성과 평가, 역량 평가는 평가 가중치를 적용해서 종합평가 등급을 만들어 연봉인상, 성과급, 인센티브, 승진 등에 사용합니다. (또는 성과 평가, 역량 평가 결과를 개별로 사용하기도 합니다.) 다면평가 결과는 성과/역량과 별개로 사용하는 것이 일반적입니다. 주로 승진 및 교육대상자 선발에 참고 자료로 활용되며, 회사에 따라 다면 평가 결과가 수준 미달인 경우 승진 대상자에서 제외하기도 합니다.

적합한 급여 수준을 정하는 방법

주먹구구식으로 만든 급여 테이블

급여 수준 조사는 구인/구직 시장에서 일정 수준의 경쟁력 갖추기 위해 필요합니다. 통상적인 조사 시기는 연봉 테이블을 만들거나 연봉 인상 전입니다. 최소 1년에 한 번은 반드시 하는 것이 좋습니다. 조사 없이 대표 또는 인사담당자의 경험으로 급여를 책정하면 설득과 설명이 아닌 '대표님이 결정하신 거다, 원래 우리 회사는 이렇다.'와 같은 주먹구구식 경영에서 벗어날 수 없습니다. 주먹구구식 급여 운영에 필연적으로 따라오는 것은 '급여 문제'로 인한 퇴사입니다.

다음 페이지 부터 '급여수준 조사'와 '급여테이블 만들기' 를 다룹니다.

급여 수준 조사 방법

B 회사의 직원들의 최대 불만은 급여입니다. 연말 연초면 사내 게시판과 블라인드에 OOOO의 대리랑 우리 회사 과장인 나랑 연봉이 비슷하다, @@@ 과장 1년 차가 우리 회사 과장 4년차 만큼 받는다, □□□는 연봉이 20% 올랐다는 데, △△는 성과급 500% 받았다는 데 등 급여 불만 글이 넘쳐납니다.

B 회사의 현성씨는 경영층으로부터 경쟁사 연봉 조사하라는 지시를 받았습니다. 경쟁사에 알고 있는 인사담당자라도 없어서 어떻게 할지 막막합니다. 몇 년 전에 전임자가 조사해 놓은 자료가 있지만, 오래되어 참고만 할 수 있는 수준입니다.

조사 방법

현성씨가 접근할 수 있는 급여 조사 방법은 대표적으로 네 가지가 있습니다.

첫 번째, 지인을 통한 조사. 일을 하면서 알게 되거나 인사담당자 모임에서 알게 된 인사담당자로 부터 정보를 얻는 것입니다. 평소 관계만 잘 맺어 놓으면 가능하고 공유된 자료가 있을 수 있지만, 정보가 몇몇 회사에 한정된다는 단점이 있습니다. 인사담당자 모임은 네이버 인사쟁이 카페, 글로벌HR 카페 등에서 찾아보거나 직접 만들 수 있습니다.

두 번째, 통계 자료 이용. 국가통계포털(www.kosis.kr)의 노동비용 자료를 활용합니다. 동종업계, 규모의 연도별 직접 노동비용, 정액 및 초과급여, 상여금 및 성과급, 간접 노동비용 등을 활용하여 우리 회사의 수준과 비교하여 임금 전략을 수립할 수 있습니다. 거시적이며 자료의 신뢰도가 높지만 특정 회사, 특정 직무를 확인할 수 없다는 단점이 있습니다.

정보 경로 : 국가통계포털 〉 국내 통계 〉 기관별 통계 〉 중앙행정기관 〉 고용노동부 〉 기업체 노동비용조사

세 번째, 컨설팅 회사 의뢰. 국가통계포털보다 미시적이지만 컨설팅 회사에서 제공할 수 있는 자료의 한계상 특정 회사의 급여 수준을 알려주지는 않습니다. 하지만, 특정 업종의 특정 직무 단위의 최대, 최소, 평균 급여 수준을 알 수 있습니다. 활용도가 높지만 정보가 컨설팅 회사에서 보유한 것에 한정된다는 것과 비용이 고가라는 단점이 있습니다.

네 번째, 취업포털과 잡플래닛 활용. 서비스에 개인이 입력한 연봉 정보를 전수 조사에 가깝게 조사하는 방식입니다. 개인이 오픈 한 정보만 확인할 수 있지만, 잡코리아/사람인/인쿠르트의 정보와 잡플래닛의 정보를 합하면 모든 회사의 모든 직무가 오픈된 것과 마찬가지입니다.

취업포털의 경우 원하는 회사와 직무에 오픈된 모든 이력서를 보고 정리해야 하며, 잡플래닛의 경우 내 연봉을 입력하면 다른 회사의 정보를 조사할 수 있습니다. 취업포털은 약간의 비용과 시간이 소모된다는 점과 잡플래닛은 공개된 연봉 정보가 적다는 단점이 있지만 경험상 양 서비스 모두 실제 회사의 연봉 수준과 크게 다르지 않은 경우가 많아서 충분히 조사할 만합니다. (※ 이력서의 정보는 이직 시 연봉을 더 받기 위해 높게 기재하는 경향이 있으니 주의해야 합니다.)

네 번째 방법만 사용한 급여 조사 사례

C 회사는 11번가, 옥션, G마켓 등 온라인 오픈마켓에서 여성용 미용용

품을 판매하고 있습니다. 하는 일과 직원 구성상 퇴근 시간이 오후 4시 또는 5시였고 모든 직원이 회사 인근의 30~40대의 경력 단절 여성이자 학부모입니다.

대표님의 고민은 직원들이 입사할 때는 급여가 괜찮다 하지만 조금 지나면 적다는 불만을 갖는 것이었습니다. 직원들은 입사할 당시는 퇴근 시간이 빠르고 경력 단절인 자신을 채용한 것에 감사하며 급여가 적어도 좋아하지만 입사 후에는 비슷한 일을 하는 지인보다 급여가 적다고 생각하고 있었습니다.

업무는 주문 접수, 송장 출력, 포장, 발송 중심이며 그 외에 물건 입고 시 창고 정리 등입니다. 누구나 하루 이틀 배우면 할 수 있는 정도의 난이도이며, 모든 직원이 여성일 정도로 육체적으로 고되지 않습니다. 아르바이트가 정규직과 동일한 업무를 하며 직원 모두가 아르바이트를 하다가 정규직으로 전환된 케이스입니다.

근무 시간은 주 35시간으로 급여는 2019년 기준 연봉 2,800만원입니다. 주 35시간임을 감안하지 않더라도 2019년 최저임금을 연봉으로 환산한 21,543,720원보다 30% 많은 수준입니다. 주 40시간으로 환산 시 연봉은 3,200만원이며 최저임금 대비 49% 많습니다.

오픈마켓의 사업자는 소규모 법인이 많아서 잡플래닛에 조회가 안 되어 취업포털 중심으로 동종업계 1~7년 차까지 500명의 연봉 조사를 했습니다. 조사 결과 최대 3,000만원, 최소 1,930만원, 평균 2,540만원으로 C 회사는 최대 연봉보다 200만원 높고, 처음부터 2,800만원으로 연봉을 책정하는 것을 생각하면 1년 차보다 1,270만원 높습니다. 사실은 이런데 직원들은 왜 급여 불만이 많을까요?

먼저, '지인의 지인의 지인이 비슷한 일 하는 데 얼마 받더라.'를 신뢰하면서 만들어지는 불만이 있고, 주 35시간 2800만원과 주 40시간 3000만원을 비교하는 데서 만들어지는 불만이 있습니다. 이는 보상의 긍정적 효과를 없애는 것으로 처음에는 좋다고 생각한 것이 몇 달이 지나면 당연하게 받아들여지면서 만들어집니다. 추가로 나이와 사회생활 연차만 생각하고 업계 경력은 생각하지 않는 것에서 만들어지는 불만이 있습니다. 가령 직무는 같지만 C사의 1년차 2,800만원과 자신보다 어린 타사 7년차 3000만원을 비교하는 것을 말할 수 있습니다.

C사의 급여 수준 조사 결과

(단위 : 만원)

구분	C사		2019년 연 최저임금			동종업계	
	주 35시간	주 40시간 환산	금액	C사 주 35시간 대비	C사 주 40시간 환산 대비	연차 별 평균 연봉	C사 주 40시간 환산 대비
1년차	2,800	3,200	2,154	30% △	49% △	1,930	△ 45%
2년차	+100					…	…
…	..					…	…
7년차	3,400					3,000	△ 13%

표에서 보면 알 수 있듯 C사는 연차가 오를 때마다 모든 직원이 연봉이 100만원 인상됩니다. 이는 잘하는 직원의 불만족 요인이 될 수 있으나 C사는 연봉 인상과 별개로 우수한 직원에게 성과급을 지급하고 있었습니다. 문제는 회사가 보기에 평범한 직원이 스스로 '나는 하는 일에 비해 연봉을 적게 받는다'라고 생각하는 데서 발생합니다.

C사의 평균 근속이 2~3년으로 짧았지만 우수한 직원의 근속은 7년 이상으로 문제될 것은 없었습니다. 직원이 1명만 퇴사해도 업무 공백이 큰 작은 회사임에도 대표님은 직원 퇴사에 신경 쓰지 않는 편이었습니다. 이는 우수한 직원만 아니면 아르바이트와 같은 임시 인력으로 충분히 대체 가능하기 때문입니다.

업계 임금과 주 35시간제 근무환경 등을 공유하여 사실을 정확하게 인지시키고 급여 조건은 조정하지 않는 것으로 결론지었습니다. 직원 불만이 계속될 경우에 대비해 자녀가 있는 직원에게 필요한 복지를 단계적으로 신설하는 것을 복안(腹案)으로 준비하였습니다.

자녀가 있는 직원에게 필요한 복지
  ① 자녀 학용품, 참고서 구입비 신학기 시작월에 10만원 지원
  ② 휴일, 연차 사용일에 숙박비 반기 30만원 한도 지원
  ③ 요가, 줌바 댄스, 헬스 지원비 분기 15만원 한도 지원

쉽게 하는 연봉테이블 세팅 방법

아직 대다수의 회사는 Pay Band 보다 연봉테이블을 사용합니다. Pay Band와는 다른 장점(연차에 따른 연봉 예상 가능, 승진에의 동기부여 등)이 있어 연봉테이블을 사용하지만 주먹구구식으로 설정하면 연봉테이블

을 운영하는 이점을 누릴 수 없습니다.

다음의 사례는 실제 모 회사를 도와드린 사례로 만든 내용을 그대로 실으니 참고하기 바랍니다.

연차	사원	주임	대리	과장	차장	부부장	부장
1년차	2,250,000	2,401,791	2,651,128	3,065,813	3,410,574	3,591,412	3,737,238
2년차	2,299,500	2,461,836	2,749,220	3,148,590	3,454,911	3,627,326	3,763,399
3년차	2,350,089	2,523,382	2,850,941	3,233,602	3,499,825	3,663,600	3,789,742
4년차	2,401,791	2,586,466	2,956,425	3,320,909	3,545,323	3,700,236	3,816,271
5년차 이상	2,454,630	2,651,128	3,065,813	3,410,574	3,591,412	3,737,238	3,842,984
*직급별 연차별 인상율	2.2%	2.5%	3.7%	2.7%	1.3%	1.0%	0.7%

연봉기준표 세팅 사례

▶ 연봉기준표 설정 기준
 - 파랜색 셀 색은 직급별 승진 기준 년차에 해당
 - 승진을 하기 위해 성과를 내고, 노력할 수 밖에 없는 구조를 구현
 - 승진에 대한 메리트를 강화하기 위해
  v. 각 직급의 5년차 이상은 급여가 동일하도록 세팅
  v. 승진 전 직급의 5년차의 급여가 승진 후 직급 1년차의 급여가 되도록 세팅
    단, 사원→주임 승진시 주임 1년 차의 급여와 사원 4년 차의 급여가 동일하
    도록 세팅, 현재 사원급 인력이 많은 점을 감안
▶ 직급별 연차별 인상율
 - 회사에서 전략적으로 중요성을 높게 가져갈 직급에 인상율을 높게 주는 용도

이상한 평가와 보상

인정할 수 없는 평가 결과

성과 vs 비성과

회사는 성과가 중요하다 말하지만, 성과 보다 평가에 영향을 주는 것이 있습니다. 바로 나이, 성별 연공서열, 야근 시간, 평가자의 말에 순응하기, 승진 예정 등 입니다. 나이, 성별, 연공서열은 전보다 덜 영향을 주지만 보수적인 평가자는 여전히 중요시 합니다. 야근 시간, 평가자의 말에 순응하기는 보수적인 평가자와 성과에 차이가 없는 상황에서 중요해 집니다. 승진 심의 대상자에게 평가를 잘 주는 것은 상당히 일반적입니다. 이유는 최근 성과가 평범하거나 부족하면 승진의 명분이 부족하기 때문입니다.

실무를 모르는 사람이 평가자인 경우

실무 능력이 부족한 사람이 리더인 경우 '뭘 안다고'가 팀원의 입에 붙어 있을 것입니다. 대표적으로 마케팅팀의 리더급이 인사팀의 리더가 된 경우, 낙하산으로 리더가 된 경우, 연공서열만으로 리더가 된 경우, 사내 정치로 리더가 된 경우입니다. 4가지에 속하는 리더는 자신의 부족함을 인정하고 적정 수준의 권한을 팀원에게 부여하고 실무를 파악하기 위해 노력해야 합니다. 별다른 노력을 하지 않는다면 팀원에게 리더가 아닌 감독관, 감시자, 관리자로 인식될 뿐입니다.

리더가 실무를 모른다는 것은 수학 선생님이 사칙연산을 모르면서 학생이 푼 4차 방정식 답안을 채점하고 잘하네 못하네 말하는 것과 같습니다. 정답이 정해져 있는 수학도 무능력한 선생님이 채점하면 인정할 수 없게 만드는 데 정답이 정해져 있지 않는 회사 일은 어떨까요?

회사는 4가지에 해당하는 리더에게 일정 수준 이상의 실무를 익힐 시간과 사내외 교육을 적극적으로 받도록 해야 합니다. 또한 리더는 모르는 것을 부끄러워하지 않고 적극적으로 학습해야 합니다.

같은 S인 데 나는 조금 인상됐다

오과장은 S등급을 받아서 기분이 좋았습니다. 지난 1년간 프로젝트를 하면서 쌓인 피로와 스트레스가 해소된 것 같은 기분마저 들었습니다. 그런 데 연봉 계약서를 보고 '이게 맞나?' 싶었습니다. 같이 프로젝트를 하고

S 등급을 받은 박과장은 1200만원 올랐다고 했는 데, 오과장은 800만원만 오른 것입니다. 연봉이 많이 올라 좋지만, 상대적 박탈감은 어떻게 해야 할지 모르겠습니다.

이슈를 해결하기 위해 임시방편으로 직급별 연봉 상한과 연봉 인상액 상한 등의 장치를 적용할 수 있지만, 박과장 입장에서 보면 이는 불합리합니다. 직급별 연봉 상한을 적용하면 박과장의 연봉이 상위인 경우 S등급을 받아도 인상에 한계가 있습니다. 연봉 인상액 상한도 비슷합니다.

열심히 잘해도 연봉이 상대적으로 조금 오르는 상황은 직원의 현재 연봉에 등급별 인상률을 적용해서 인상액을 산정하는 것으로 발생합니다. 이는 앞의 사례뿐만 아니라 S를 받은 직원이 A나 B를 받은 직원보다 인상액이 낮은 어처구니없는 상황을 만듭니다.

연봉 인상에서 위와 같은 이슈만이 아니라 다양한 이슈가 발생할 수 있으며, 연봉 인상 이슈를 해결할 수 있는 방법으로 세가지를 들 수 있습니다.

첫 번째, 모든 직원의 연봉 인상률은 동일하게 하고 성과급에 차등을 주는 것입니다. 인상률은 최저임금 위반 여부와 실질 물가상승률을 감안하여 최소한으로 합니다. 성과급은 직급별 기준액을 두고 평가 결과로 차등을 줍니다. 성과급 기준액은 회사의 성과에 따라 유동적으로 운용합니다. 인건비 리스크를 최소화할 수

연봉
(최소한 인상)

성과급
(직급별 기준액
X
평가 가중치)

있는 장점이 있지만 인상률이 같더라도 개인 연봉을 기준으로 하기 때문에 인상액 자체는 차이가 있습니다.

두 번째, 모든 직원의 인상액을 동일하게 하는 것입니다. 동기 부여가 안 된다는 단점이 있지만 사내 정치와 연봉 인상에 대한 불만이 상대적으로 줄어든다는 장점도 있습니다. 단점을 상쇄하기 위해 비정기적 격려금과 과감한 포상 제도를 운영하는 것이 좋습니다.

세 번째, 개인의 연봉에 인상률을 곱하는 것이 아닌 '평가 등급별 기준 연봉'에 인상률을 곱하는 것입니다. 기준 연봉은 특정인의 연봉을 추측할 수 없는 수준으로 하는 것이 좋으며, 모수가 부족한 경우 예상되는 값을 임의로 넣어 산정합니다. 장점으로 저연봉/고성과자를 동기 부여할 수 있고, 고연봉/저성과자의 연봉 인상을 억제할 수 있습니다. 작은 회사의 경우 시장 조사 등을 통한 예측 연봉으로 모수를 확보해야 한다는 단점이 있습니다. 페이밴드를 사용한 연봉 조정과 비슷해 보이지만 연봉 기준액을 다르게 한다는 점에서 페이밴드와 큰 차이가 있습니다.

'평가 등급별 기준 연봉'으로 한 보상 조정

대안

연봉 인상액
=
기준 연봉
✕
기준 인상률
✕
평가 등급 가중치

연봉
연봉인상액
성과급

평가 등급	기준 연봉
S	동일 직급 상위 10%의 평균 또는 중간 연봉
A	동일 직급 상위 30%의 평균 또는 중간 연봉
B	동일 직급 중간 연봉
C	동일 직급 하위 30%의 평균 또는 중간 연봉
D	동일 직급 하위 10%의 평균 또는 중간 연봉

선배보다 많이 받는 후배

중견, 중소기업에서 흔한 이슈입니다. 신입 채용 시장에서 경쟁력을 높이기 위해 회사는 신입 연봉을 공격적으로 높입니다. 거의 매년 신입 연봉은 높아져 갑니다. 인원수가 많은 기존 직원의 연봉 인상은 그 자체로 인건비 리스크가 되기 때문에 최대한 보수적으로 합니다. 회사 입장에서 합리적이며 직원 입장에서는 불합리합니다.

입사 3년차 김주임은 평가 결과가 B라서 연봉 인상은 기대하지 않습니다. 매년 그렇듯 이번에도 2~4% 인상될 것으로 예상됩니다. 이번에 입사하는 신입은 3천만원이라는 소문이 있는 데 '정말?'하는 의구심이 듭니다. 이번에 올라도 3천이 안 되는 데 '늦게 입사했어야 했나'하는 생각도 들고 나보다 많이 받는 신입을 가르칠 생각을 하니 짜증이 납니다. 영업팀 김대리님이 재입사해서 연봉을 확 높였다는 소문도 있어서 퇴사 밖에 답이 없나 싶습니다. 신입 연봉을 인사담당 박대리에게 물어보니, 엄한 소리만 하고 정확히 안 알려줍니다. 김주임은 근무 의욕이 뚝 떨어지고 한숨만 나옵니다.

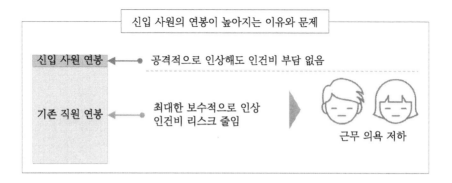

신입 사원의 연봉이 높아지는 이유와 문제

신입 사원 연봉 ← 공격적으로 인상해도 인건비 부담 없음

기존 직원 연봉 ← 최대한 보수적으로 인상 인건비 리스크 줄임

근무 의욕 저하

매년 발생하는 이 이슈를 해결하기 위해 박대리는 고민 끝에 다음과 같은 대안을 만들어 적은 인건비 부담으로 직원 불만을 줄일 수 있었습니다.

① 인상된 신입 연봉 이하인 직원 리스트를 만듭니다.
② 리스트에서 평균 이상의 평가를 받은 직원을 추립니다.
 - 2개년 평가 결과가 중간 등급 이상 직원
 - 직전년도 평가 등급이 평균 이상인 직원 (중간 등급 이상 아님)

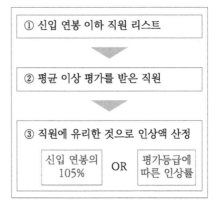

③ 위에서 추린 직원의 연봉을 신입 연봉의 105% 수준 또는 당해년도 평가등급에 따른 인상률 중 직원에게 유리한 것으로 인상합니다.

경력직 연봉 이렇게 하면 어떨까요

 회사기준보다 전직장 연봉과 희망 연봉이 우선되어 책정되는 경력직의 연봉은 사람마다 다르며 기존 직원보다 높을 가능성이 많습니다. 채용 챕터에서 살펴봤듯이 입사하고 같이 일해 봐야 '잘 뽑았다'를 판단할 수 있는 데 기존 직원보다 연봉이 많다니 이상합니다.
 수습/시용기간으로 채용 실패를 보완할 수 있지만, 수습/시용에서 도저히 함께 일할 수 없을 정도가 아니라면 고용이 유지됩니다. 여기서 중요한 점은 수습/시용은 고용의 유지, 종료를 결정하기 위한 용도로 사용된다는 것입니다.

실제 발생되는 문제는 고용을 종료할 정도는 아니지만 연봉만큼의 성과를 못 내는 경우에 있습니다. 임시방편으로 희망 연봉(A)이 내규 상한 (B) 보다 높은 경우 차액(A-B)을 입사 연도의 평가가 일정 수준 이상이면 별도의 성과급을 주거나 성과급 지급과 연봉 산입을 하는 것으로 근로계약을 합니다. 하지만 내규 상한까지는 보장된다는 문제는 여전히 남아 있습니다. 경력직보다 연봉이 낮은 기존 직원이 일을 더 잘한다면 어떨까요?

이는 채용 또는 연봉 협상 실패이자 인건비 낭비이며, 기존 직원의 동기 저하 요인입니다. 대안으로 수습 기간은 계약직으로 하고 급여는 희망 연봉에

준하여 지급하고 정규직 계약 체결 시 수습 평가에 따라 연봉을 조정하는 것을 생각할 수 있습니다. 이때 연봉조정은 상향, 유지, 하향 모두 가능합니다. (근로자가 합의하는 경우 하향하여 근로계약을 체결해도 문제 되지 않습니다.) 수습 평가는 되도록 많은 직원을 참여할 수 있도록 항목을 단순화하고 문항 수를 5개 미만으로 합니다. 평가는 3명 이상 참여하는 다면 평가로 하며 소속 팀장은 최대 1/3의 영향력만 갖도록 설계합니다.

상기 수습평가에 불만으로 입사 포기자가 발생할 가능성이 있으므로, 평가에 따라 원하는 연봉보다 높은 금액으로 계약될 수 있다는 것을 강조하는 것이 좋습니다.

간단하게 보는 평가/보상 실무

프로세스

앞에서 언급하지 않은 내용을 중심으로 간략하게 작성하였습니다. 회사 규모에 따라 다를 수 있음을 감안하세요.

기획 및 보고
목적, 평가 일정, 평가 유형, 평가 가중치, 평가대상자 현황, 평가제외자 (휴직, 퇴직예정 등), 관련 양식(목표 수립, 평가 등)

평가자-피평가자 매핑
평가 대상 기간 중 부서 이동자, 타 부서 파견자, 겸직 평가자 등 감안

목표 수립 공지

목적, 일정, 가중치, 목표 수립 방법, 목표 합의자, 목표 수립 양식, 진행 가이드, FAQ 등. 필요시 설명회 진행

목표 수립 / 취합

목표 수립 퍼실리테이팅, 목표 취합 및 목표 점검(정렬, 누락 등)

중간 점검 공지 및 진행

중간 점검 공지 (목표 변경, 피드백 FAQ 등 안내), 변경된 목표 취합

평가 공지

평가 일정(자기 평가 → 1차 평가 → 2차 평가 → 결과 산출), 진행 가이드, 평가 가중치, FAQ 등

평가 진행 및 보고

2차 평가까지 완료된 결과 취합, 가중치 적용 계산, 필요시 조직평가 결과 반영, 평가 점수 조정 등, 평가결과 보고/확정

평가 결과 안내

확정된 평가 결과 안내(평가자에게 피드백 받을 것 등), 연봉인상/성과급/승진 등에 적용 방법 및 일정 안내

승진 심의 계획 보고
승진 기준, 심의위원, 일정, 프로세스, 승진 심의 항목 등

승진 심의 및 보고
승진 심의 자료 준비, 심의 진행, 심의 결과 정리/보고, 승진자 공지

연봉 조정 및 계약
인건비 시뮬레이션 및 보고, 인건비 재원 확정, 연봉 조정 재원 산출, 직원 연봉 조정 및 확정, 연봉 계약

세부 내용

기획 및 보고

목적은 평가를 하는 이유를 작성합니다. 예를 들어 '성과주의 정착을 위해 성과와 역량을 합리적으로 평가하고자 함.' 정도의 문구에 회사가 인사 평가를 이유를 추가합니다. 목적은 콘셉트와 동일한 방법으로 문구를 도출할 수 있으니 채용 챕터의 콘셉트 부분을 참고하면 좋겠습니다.

평가 일정은 위의 프로세스를 참고하여 의사결정자가 머릿속으로 그려지도록 작성합니다.

구분	일정	
목표 수립 공지	'20. 2. 3	
목표 수립 / 취합	'20. 2. 3 ~ 2.24	2~3주
중간 점검	'20. 6. 29 ~ 7.14	2~3주
평가	'20. 12. 28 ~ '21 1. 15	2~3주

평가 유형, 평가 가중치는 표를 참고하여 작성합니다. 필요시 평가자별 가중치도 작성합니다.

평가 유형		직원 그룹		
		본부장 그룹	팀장 그룹	팀원
성과	개인	30%	50%	80%
	조직	70%	50%	20%
역량	…	30%	30%	30%

평가 대상자 현황은 특정 시점 기준 부서별 평가 인원을 정리한 내용을 작성합니다. 평가 제외자는 근속이 짧아 평가하기 어려운 경우, 휴직자, 퇴직예정자, 기타 사정으로 평가할 수 없는 경우입니다.

구분		OOO부서	□□□부서	…
현원		000	000	
평가 대상	계	0	0	…
	본부장 그룹	0	0	…
	팀장 그룹	00	00	…
	팀원	000	000	…
평가 제외	계	0	00	…
	본부장 그룹	0	0	…
	팀장 그룹	0	0	…
	팀원	0	00	…

관련 양식은 목표 수립, 평가를 우측과 같이 하나의 양식 또는 나눠서 만들 수 있습니다. 중간평가는 다음 양식을 동일하게 사용하거나 응용하면 합니다.

목표	달성 방법	KPI	가중치	S	…	D	자기 평가	1차 평가자	2차 평가자

목표는 5개 이내로 하는 것이 좋으며, SMART(Specific, Measurable, Realistic or Result oriented, Time-bound or Time based | 자세한 설명은 인터넷 검색하세요.)하게 설정하도록 합니다. 이때 인사 부서는 올바른 목표가 수립될 수 있도록 각 부서와 소통하고 목표 설정 가이드를 제공해야 합니다. 달성 방법은 '목표를 어떻게 달성해 낼 것인가'를 기준으로 간략하게 작성합니다.

KPI는 목표를 측정할 수 있는 지표를 작성합니다. 목표가 매출 20억인 경우, KPI는 매출이 됩니다. S부터 D까지 등급의 칸은 목표의 난이도에 따라 목표 달성을 S부터 D까지 어디든 작성할 수 있습니다. 매출 20억이 상당히 도전적인 목표인 경우 S 칸에 매출 20억을 작성합니다. 목표 20억이 약간의 노력으로 당연히 달성될 목표인 경우 중간 등급으로 작성합니다. 등급별 작성 내용은 S는 20억 이상, A는 20억 미만 15억 이상 등과 같이 등급별로 구간으로 작성합니다.

목표가 합리적 평가 제도 운영과 같이 정성적인 경우 KPI는 평가 제도 개선 활동, 제도 만족도로 할 수 있습니다. 등급별로 마일스톤과 정량지표를 혼합하여 사용하는 것이 좋습니다. 'S는 제도 개선 및 만족도 전년 대비 10% 이상 상향, A는 제도 개선 및 만족도 전년 대비 상향, B는 제도 개선, C는 제도 개선 보고'를 예로 들 수 있습니다.

자기 평가는 피평가자가 생각하는 평가등급을 작성된 S~D등급 기준에 맞추어 입력합니다. 1차/2차 평가는 평가자가 생각하는 평가 등급을 입력합니다. 이 때 회사에 따라 1차 평가자의 평가 결과를 인사팀에서 취합하여 정리한 후 2차 평가자에게 제공하거나 2차 평가까지 완료된 결과를 인사팀에서 취합합니다.

평가자-피평가자 매핑

매핑 활동은 공정한 평가를 위해 합니다. 부서 이동자의 평가는 근무기간에 따라 평가자를 다르게 하거나 가장 많이 근무한 부서의 평가자가 평가하거나 이전 부서 평가자의 평가결과를 참고하여 현재 평가자가 평가하는 등 회사 상황에 맞추어 정합니다.

타 부서 파견자의 경우 파견 부서의 평가자 또는 원 소속 부서 평가자가 평가할 수 있습니다. 평가자가 겸직하는 경우 겸직 부서 피평가자를 평가하는 것이 여건상 부적절한 경우 겸직 부서 차석이 평가를 할 수 있습니다. 중요한 것은 피평가자 입장에서 최대한 공정한 평가가 되도록 매핑하는 것입니다.

목표 수립 공지, 목표 수립 / 취합

공지는 기획/보고한 내용을 기준으로 직원이 알아야 하는 내용만 합니다. 진행 가이드, FAQ는 직접 목표를 작성해 보면서 궁금할 내용을 위주로 직원이 이해하기 쉽게 도식화하여 구성합니다.

목표 수립 기간 동안 직원에게 문의가 오면 자세히 알려주고 필요하면 미팅을 통해 함께 목표를 수립합니다. 목표가 취합되면 리뷰하여 부서 목표와 정렬되지 않거나 누락된 목표를 현업에 확인하고 필요시 보완 요청합니다. 목표 리뷰는 모두 확인하면 좋지만, 현실적 한계가 있으니 1~2일 내 리뷰할 수 있을 정도만 진행합니다.

중간 점검 공지 및 진행

연중에 목표의 수정, 평가, 피드백 등 회사마다 다른 목적으로 운영합니다. 회사에 따라 중간 평가 30%, 연말 평가 70%와 같이 가중치를 적용할 수 있습니다.

평가 결과 안내

결과를 공개하는 경우 현업 부서장이 직원의 성향과 부서 상황에 적합하게 피드백합니다. 평가에서 발생하는 직원 불만은 평가 결과보다 피드백을 제대로 못 받아 쌓이는 경우가 더 많습니다.

피드백이 잘 될 수 있도록 인사 부서에서 피드백 가이드를 제공하고 필요시 평가자를 대상으로 워크숍을 하는 것이 좋습니다. 가이드에는 앞서 언급한 자녀 양육 도서를 참고하여 좋은 피드백과 안 좋은 피드백의 구체적인 내용을 작성합니다.

승진 심의 계획 보고

승진 기준은 승진하기 위한 최소한 조건입니다. 근속, 최근 몇 년 평균 평가등급, 최근 몇 년 징계 없을 것 등이 있습니다. 승진심의위원은 통상 인사위원(경영층, 임원급)으로 하며, 필요에 따라 다르게 구성할 수 있습니다. 일정은 심의 단위별 심의기간, 보고일, 승진 발령일 등을 포함합니다.

승진 심의 및 보고

심의일에 심의위원이 심의를 할 수 있도록 심의 자료를 준비하고 회의록을 작성합니다. 심의 자료는 최근 몇 개년 평가, 주요성과, 근속, 자격, 상벌, 사외 경력, 출신학교, 학력 등을 포함합니다.

심의 장소를 벗어나면 심의위원의 의견을 합의하도록 만드는 것이 어려워지니 그 자리에서 승진자를 확정하는 것이 좋습니다. 심의 시 최대한 매끄러운 심의가 진행될 수 있도록 자료(A3를 가로 형태로 구성, 심의대상자에 관한 사항을 최대한 요약)를 구성하는 것이 중요하며, 노트북을 지참하여 심의위원들이 승진대상자에 대해 물어보는 사항을 즉시 확인할 수 있도록 합니다. 심의 종료 후, 심의 단위별 결과를 정리하여 한 번 더 심의위원들에게 확인하고, 경영층에 보고합니다. 경영층 의사결정 후 승진 공지 및 발령 처리합니다.

연봉 조정 및 계약

승진, 최저임금, 평가, 기본 인상 등에 따른 인상을 적용하여 직간접 인건비를 산출합니다. 계획한 인건비보다 초과하거나 남지 않도록 재원을 배분합니다. 인건비 시뮬레이션 결과(직원 연봉 조정 결과 포함)를 보고/

확정 후 연봉 계약을 진행합니다. (연봉계약서 양식은 '그 외 인사관리'의 기본 노무관리 참고)

다음의 내용은 모 회사의 승진기준/프로세스 등의 기획을 도와드린 자료입니다.

① 승진기준

- 현재 직급에서 아래의 근속년수 충족자 (현재직급 → 승진예정직급)

구분	사원→주임	주임→대리	대리→과장	과장→차장	차장→부부장	부부장→부장
일반승진	2년	2년	3년	3년	2년	2년
특별승진	1년	1년	2년	2년	1년	1년

- 평가등급기준 : 아래 평가 등급 이상인 경우만 승진 가능 (S,A,B,C,D 등급 기준)

구분		사원→주임	주임→대리	대리→과장	과장→차장	차장→부부장	부부장→부장
일반 승진	최근 1년	B	B	B	A	A	A
	최근 3년 평균	B	B	B	A	A	A
특별 승진	최근 1년	A	A	S	S	S	S
	최근 3년 평균	A	A	A	A	A	A

- 징계기준 : 최근 1년내 아래 징계가 있는 경우 승진 불가

구분	경고	견책	감봉	출근정지	정직	강등
일반승진	-	-	대리 이상 불가	대리 이상 불가	대리 이상 불가	승진 불가
특별승진	-	주임 이상 불가	주임 이상 불가	주임 이상 불가	주임 이상 불가	승진 불가

② 승진 프로세스

STEP1. 직원별 승진 데이터 수집/가공

성명	입사일 (근속년수)	현직급 현직급확정일 (현직급근속)	표창 내역 - 일자 / 표창명 / 사유	징계 내역 - 일자 / 징계명 / 사유	최근 3개년 평가		
					2019	2018	2017
박퍼즐	2017.01.02 (3년 4월)	주임 2019.01.02 (1년 4월)	2017.12.01 우수사원 / 성과우수자 2018.06.01 우수사원 / 업무프로세스 개선으로 효율성 높임		A	A	B

김상돈	2018.05.07 (2년 0월)	사원 2018.05.07 (2년 0월)		2019.04.21 견책 / 실적 허위보고	B	A	
이지금	2017.03.02 (3년 2월)	주임 2018.01.02 (2년 0월)	2017.12.01 우수사원 / 성과우수자		A	B	A
...							

STEP2. 승진 심의 대상자 확정 : '특별 승진, 일반 승진, 승진 불가자' 분류

성명	입사일 (근속년수)	현직급 현직급확정일 (현직급근속)	표창 내역 - 일자 / 표창명 / 사유	징계 내역 - 일자 / 징계명 / 사유	최근 3개년 평가		
					2019	2018	2017
박퍼즐 (특별승진가능 주임→대리)	2017.01.02 (3년 4월)	주임 2019.01.02 (1년 4월)	2017.12.01 우수사원 / 성과우수자 2018.06.01 우수사원 / 업무프로세스 개선으로 효율성 높임		A	A	B
김상돈 (승진불가)	2018.05.07 (2년 0월)	사원 2018.05.07 (2년 0월)		2019.04.21 감봉 / 실적 허위보고	B	C	
이지금 (일반승진가능 주임→대리)	2016.01.02 (4년 4월)	주임 2018.01.02 (2년 0월)	2017.12.01 우수사원 / 성과우수자		A	B	A
...							

STEP3. 승진 심의 : 특별 승진 가능자 → 특별 승진 여부 결정 | 일반 승진 가능자 → 승진 여부 결정
- 승진 심의 : 대표이사 + 임원(또는 부서장)
- 승진 심의 자료 : STEP2에서 승진 불가자를 제외한 '승진 심의 대상자' 자료

STEP4. 승진에 따른 급여 조정 및 연봉계약서(또는 근로계약서) 갱신

평가는 등급을 남기고, 보상은 잔고를 남긴다

연말/초가 다가오고 있습니다.

상길씨는 평소보다 더 팀장님 눈치가 보입니다. 괜히 팀장에게 살가운 말 한마디 더 하게 되고 점심 식사 후 팀원들과 커피 한 잔 할 때면 팀장님 옆에서 살가운 말 한마디 더 걸게 됩니다.

윤호씨는 승진대상자입니다. 팀장님이 신경 써 준다고 했으나 그래도 불안합니다. 동기 중에서 승진이 늦은 편이라 더 신경 쓰입니다.

서희씨는 한 해 동안 누구보다 일을 잘, 많이, 열심히 했습니다. 팀장님을 포함한 다른 팀원들도 다 인정하고 있습니다. 하지만 어제 팀장님이 커피 한잔하자고 불러서 잘했고 고생한 것 알지만 윤호씨를 승진시켜야 해서 평가를 잘 주지 못할 것 같다고 했습니다. 왜 그렇게 죽어라 했나 허탈하기만 합니다.

성은씨는 팀 에이스입니다. 업무 수준도 회사에서 톱클래스이면서 선배에게는 깍듯한 후배이고 후배에게는 사려 깊고 친절한 선배입니다. 성격도 유쾌해서 팀 분위기 메이커 역할도 합니다.

팀장 영민씨는 고민이 많습니다. 팀원들 모두가 잘해 주었는 데 모두 좋게 주면 위에 본부장이나 인사팀에서 평가를 이상하게 했다고 볼 게 뻔하기 때문입니다. 윤호씨는 작년에 승진 안 됐으니 이번에 하려면 잘 주어야 하고 상길씨는 팀에 오래 있었고 나이도 많고 평소에 내 말도 잘 따랐고 서희씨는 나이는 어리지만 한 해 동안 누구보다 잘했는 데..

인사담당자 이과장은 평가를 진행할 생각하니 암담합니다. 챙겨야 할 것도 많고 문의도 많고 당분간 야근은 피할 수 없을 것 같습니다. 위에서 무슨 세미나를 다녀와서는 평가 제도 바꿔보라고 성화입니다. 당장 진행해야 연봉 조정도 하고 승진도 할 수 있는 데, 어쩌라는 건지..

박대표는 우리 회사의 인사 평가를 계속 이렇게 해도 되는지 궁금합니다. 다른 회사 대표도 만나보고 세미나도 가 보니 우리만 뒤쳐지고 있다는 생각이 강하게 듭니다. 우리도 얼른 바꾸고 싶습니다. 연봉도 인상해야 하는 데 무조건 올려줄 수도 없고 고민입니다.

평가가 끝났습니다.

최소 B+는 생각했지만 B를 받은 서희씨는 일 년간 열심히 일한 성과가 보통 수준으로 결론 나서 화가 납니다. 다른 팀원들이 어려워서 안 하려는 프로젝트도 성공시키고 팀의 어려운 일은 도맡아 했는 데 B+라니 눈물이 날 것만 같습니다. 눈치만 보고 설렁설렁 일하던 상길씨도 B+인 데 같은 취급을 받는 것이 기가 막힙니다. 어차피 B+를 받을 것이라면 이제 적당히 해야 겠습니다.

연봉 인상이 끝났습니다.

윤호씨는 통장에 입금된 급여를 보고 갸웃했습니다. 승진도 했고 평가도 잘 받아서 10% 이상 인상될 것으로 들었는 데 급여는 10만원 정도 더 입금됐을 뿐입니다. 승진 못한 박대리도 급여가 9만원 정도 올랐다고 들었는 데, 뭐 하러 승진했나 싶은 생각이 머릿속에 가득합니다. 내일 인사 담당자에게 물어 봐야 겠습니다.

성과급 지급이 지급됐습니다.

팀장 영민씨는 팀원의 성과급으로 성은씨는 300만원, 윤호씨는 280만원, 서희씨는 280만원, 상길씨는 250만원 지급하는 것으로 결정했습니다. 성과 등을 감안해서 최대한 공정하게 하려고 노력했습니다.

성은씨는 팀원들과 성과급을 얘기하면서 일을 못하는 상길씨와 50만원밖에 차이가 안 나서 화가 났습니다. 팀장의 의사결정이 도대체 이해되지 않습니다.

영민씨가 다음 평가 때 서희씨의 평가를 잘 주겠다 해도 1년 후에 어떻게 될지 모르는 것이고, 올해의 서희씨의 평가는 B+로 기록될 뿐입니다. 연봉 인상도 %로 보면 크게 보일 수 있지만 인상된 금액을 다시 월로 나누고 세금과 사회보험을 공제하고 나면 윤호씨가 체감하는 인상액은 얼마 되지 않습니다. 팀원의 성과와 역량, 개인 사정을 감안해서 성과급을 최대한 공정하게 분배하려고 했던 영민씨의 노력도 성은씨에게는 불합리하게 보일 뿐입니다.

인사담당자가 무엇을 의도하여 기획하고 운영하던지 평가/보상으로 직원에게 남는 것은 등급과 통장에 찍힌 금액이 전부입니다. 그것에 담긴 수많은 사연은 기록되지 않고 공기 중에 흩어질 뿐입니다. 성과주의, 역량 개발, 동기 부여, 회사 성장 등 모두 좋지만, 이 사실을 잊으면 안됩니다.

3장

그 외 인사

쉽게 할 일은 쉽게 하세요.

기본 노무관리

근로계약서를 비롯한 노무 관련 사안은 노무사에게 자문받아서 진행하는 것이 좋습니다. 여의치 않은 경우 시중에 출간되어 있는 책('채용에서 퇴직까지 법률 지식' 추천)을 참고하거나 네이버 지식인을 활용(노무사가 답변)하는 것을 추천합니다.

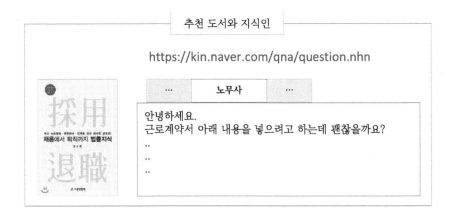

추천 도서와 지식인

https://kin.naver.com/qna/question.nhn

···   노무사   ···

안녕하세요.
근로계약서 아래 내용을 넣으려고 하는데 괜찮을까요?
··
··
··

근로계약서 만들기

  근로계약서는 고용노동부에서 공개하는 표준근로계약서에 회사에 맞추어 내용을 추가하는 것이 가장 좋습니다. 추가하려는 내용이 '근로계약서에 넣어도 되나' 의문일 때, 자문료를 지급하는 노무사가 있다면 자문을 받고 없다면 네이버 지식인에 넣으려는 내용을 표준근로계약서에 추가하는 데 괜찮은 지 질문을 올리세요. 길어도 1일 이내 지식인의 노무사로 부터 답변을 받을 수 있습니다.

  근로계약서에 명시되어야 할 항목은 근무장소 및 업무내용, 임금 구성항목(급여, 상여금, 수당 등), 임금 계산방법, 임금 지급방법, 소정근로시간, 휴일, 업무의 시작과 종료시간, 휴게시간, 연차 유급휴가 입니다. 참고로 연차 유급휴가는 상시근로자 5인 이상 사업장만 해당 됩니다.

표준근로계약서에는 7가지가 있으니 필요에 따라 사용하세요.
 ① 표준근로계약서(기간의 정함이 없는 경우) : 정규직 등에 해당
 ② 표준근로계약서(기간의 정함이 있는 경우) : 계약직에 해당
 ③ 연소근로자(18세 미만인 자), 친권자(후견인) 동의서
 ④ 건설일용근로자 표준근로계약서
 ⑤ 단시간근로자 표준근로계약서
 ⑥ 외국인근로자 표준근로계약서(일반)
 ⑦ 외국인근로자 표준근로계약서(농업, 축산업, 어업 분야)

표준 근로계약서 작성방법 (https://www.moel.go.kr/mainpop2.do)과 다운로드는 고용노동부 홈페이지를 기준으로 하세요.

표준근로계약서(기간의 정함이 없는 경우)

SAMPLE

_____ (이하 "사업주"라 함)과(와) _____(이하 "근로자"라 함)은 다음과 같이 근로계약을 체결한다.

1. 근로개시일 :   년   월   일부터
2. 근무장소 :
3. 업무의 내용 :
4. 소정근로시간 : ____시 ____부터 ____시 ____분까지 (휴게시간 : 시   분 ~   시   분)
5. 근무일/휴일 : 매주 ___일 (또는 매일단위)근무, 주휴일 매주 ___요일
6. 임금
   - 월(일, 시간)급 : _____원
   - 상여금 : 있음 (   ) _____원, 없음 (   )
   - 기타급여(제수당 등) : 있음 (   ), 없음 (   )
     _____원, _____원
     _____원, _____원
   - 임금지급일 : 매월(매주 또는 매일) ____일(휴일의 경우는 전일 지급)
   - 지급방법 : 근로자에게 직접지급(   ), 근로자 명의 예금통장에 입금(   )
7. 연차유급휴가
   - 연차유급휴가는 근로기준법에서 정하는 바에 따라 부여함
8. 사회보험 적용여부(해당 란에 체크)
   □ 고용보험   □ 산재보험   □ 국민연금   □ 건강보험
9. 근로계약서 교부
   - 사업주는 근로계약을 체결함과 동시에 본 계약서를 사본하여 근로자의 교부 요구와 상관없이 근로자에게 교부함(근로기준법 제17조 이행)
10. 근로계약, 취업규칙 ed의 성실한 이행의무
   - 사업주와 근로자는 각자가 근로계약, 취업규칙, 단체협약을 지키고 성실하게 이행하여야 함
11. 기타
   - 이 계약에 정함이 없는 사항은 근로기준법령에 의함

                    년   월   일

(사업주) 사업체명 :   (전화 :   )
        주   소 :
        대 표 자 :
(근로자) 주   소 :
        연 락 처 :
        성   명 :

표준근로계약서의 형식(표로 구성하는 등)은 변경해도 괜찮으며, 근로
계약서와 연봉계약서를 분리해서 작성할 수 있습니다.

연봉계약서

SAMPLE

OOOO 대표이사 _____ (이하 '갑'과 _____(이하 '을')은 0000년 연봉에 대하여 아래와
같이 계약을 체결하고 이를 준수하기로 함

1. 인적사항

소속	직무	입사일	성명

2. 총연봉액 : _____원

구분	기본급	직책수당	가족수당	고정OT	합계
월 금액					
연 금액					

- 직책수당 : 인사 규정에 따라 지급 사유 발생일 부터 일할 계산하여 지급
- 고정OT : 시간외, 야간, 휴일 근로에 대해 1주 ___시간 (월 ___시간) 포괄산정 지급

3. 지급방법

- 연봉(급여) 지급은 매월 1일 부터 말일까지의 급여를 갑이 정한 급여일에 을 명의의
계좌에 이체하여 지급한다.

4. 적용 기간 : _____년 ___월 ___일 부터 _____년 ___월 ___일

- 갑과 을이 합의하여 새로운 연봉 계약이 체결될 경우 본 계약은 효력을 상실한다.

5. 비밀 유지 의무 등

- 연봉계약서에 기재되지 않은 사항은 취업규칙 및 제반 규정에 따른다
- 본인의 연봉을 포함하여 인지하게 연봉 정보를 발설하지 않으며, 이를 위반한 경우
어떠한 인사상의 조치에도 이의를 제기하지 않는다.

_____년 ___월 ___일

(갑) 0000   (을) 주민등록번호 :

대표이사 OOO (인)   성명 :   (안)

취업규칙 만들고 신고하기

표준근로계약서와 마찬가지로 표준취업규칙이 있습니다. 취업규칙을 만들어야 한다면 표준취업규칙을 기준으로 하는 것을 추천합니다. 작업 후 노무사 자문을 받는 것이 좋으며 표준취업규칙은 고용노동부 홈페이지(http://www.moel.go.kr/)에서 최신 버전을 검색할 수 있습니다.

표준취업규칙에는 필수 조항과 선택 조항 그리고 문맥상 있는 것이 좋은 조항 등에 대한 설명이 잘 나와 있습니다. 이외에 추가하고 싶은 조항이 있는 경우 네이버 지식인에 표준취업규칙에 추가할 문구가 문제가 없는 물고 진행하면 비용 없이 취업규칙을 만들 수 있습니다.

(월 자문료가 저렴한 노무사 또는 노무법인의 경우 취업규칙 관련 비용을 별도로 청구하는 곳도 있습니다.)

표준취업규칙

취업규칙(안)	작성시 착안사항 SAMPLE
제1장 총칙	◆ 아래 착안사항에 "필수"는 근로기준법 제93조 각호에 해당하여 관련된 내용이 취업규칙에 필수적으로 규정되어야 한다는 의미임
제1조(목적) 이 취업규칙은 OO주식회사 사원의 채용·복무 및 근로조건 등에 관한 사항을 정함을 목적으로 한다.	[필수] 취업규칙을 정하는 목적을 규정할 필요
제2조(적용범위) ① 이 취업규칙(이하 "규칙"이라 한다)은 OO주식회사(이하 "회사"라 한다)에 근무하는 사원에게 적용한다. ② 사원의 복무 및 근로조선에 관하여 법령·단체협약 또는 이 규칙 이외의 다른 회사규정에 별도로 정한 경우를 제외하고는 이 규칙이 정하는 바에 따른다. 제3조(사원의정의) 이 규칙에서 "사원"이라 함은 회사와 근로계약을 체결한 무기계약사원과 기간제사원을 말하며, 단시간사원은 제외한다.	[필수] 취업규칙이 적용되는 범위와 대상근로자를 명확히 밝혀야 함 ☞ (참고) 「기간제 및 단시간근로자 보호 등에 관한 법률」에서 기간의 정함이 있는 근로계약을 체결한 근로자를 "기간제근로자"로 규정함에 따라, 상대적 개념으로서 계약기간을 정하지 않은 근로자를 "무기계약근로자"로 칭함
제4조(차별금지) 회사는 사원의 모집·채용, 임금·복리후생, 교육·훈련, 배치·전보·승진, 퇴직·해고·정년에 있어서 합리적인 이유 없이 성별, 연령, 신앙, 사회적 신분, 출신지역, 학력, 출신학교, 혼인·임심·출산 또는 병력(病歷) 등을 이유로 차별하지 않는다.	[선택] 필수적인 사항은 아니지만 근로기준법, 남녀고용평등법, 고령자법, 고용정책기본법 등에 따른 차별금지 규정을 반영하여 선언하는 것이 좋음

취업규칙의 신고(변경 포함)는 고용노동부 홈페이지에서 가능합니다.
(http://minwon.moel.go.kr/minwon2008/lc_minwon/lc_form_apply.do)

필요한 서류는 - 첨부 양식 참고
① 취업규칙신고서 : 고용노동부 홈페이지 > 민원 > 민원신청 > 서식민원
에서 '취업규칙'으로 검색
② 취업규칙 1부 (변경의 경우 변경 전,후 비교표 1부 별도)
③ 근로자의 과반수를 대표하는 노동조합 또는 근로자 과반수의 의견을
들었음을 증명하는 자료 : 동의서, 직원 설명 사진 (④의 자료도 동일)
④ 근로자의 과반수를 대표하는 노동조합 또는 근로자 과반수의 동의를
받았음을 증명하는 자료(근로자에게 불리하게 변경하는 경우에만 첨부)

<table>
<tr><td colspan="3" align="center">①의 취업규칙 신고서</td></tr>
<tr><td colspan="3" align="center">취업규칙   [   ] 신고서   SAMPLE
[   ] 변경신고서</td></tr>
</table>

※ [ ]에는 해당되는 곳에 표시를 합니다.

접수번호		접수일	처리기간 1일
신고내용	사업장명		사업의 종류
	대표자 성명		생년월일
	소재지		(전화번호 :)
	근로자수 명 (남 명, 여 명)		노동조합원수 명
	의견청취일 또는 동의일 년 월 일		

「근로기준법」 제93조와 같은 법 시행규칙 제15조에 따라 위와 같이 취업규칙을 [   ] 신고, [   ]
변경신고 합니다.

년   월   일

변경 전	변경 후
제6조(근로계약) ① 회사는 채용이 확정된 자와 근로계약을 체결할 때에는 다음 각호의 내용을 해당자에게 명확히 제시한다. 1. 임금 2. 소정근로시간, 휴게시간 3. 휴일 4. 연차유급휴가 5. 취업의 장소 및 종사하여야 할 업무에 관한 사항 6. 근로계약기간(기간제사원에 한정한다.) 7. 근로기준법 제93조 제1호부터 제12호까지에 해당하는 내용 8. 근로기준법 제10장에 따른 기숙사에 관한 사항(기숙사가 있는 경우에 한정한다.) 제11조(…) …	제6조(근로계약) ① 회사는 채용이 확정된 자와 근로계약을 체결할 때에는 다음 각호의 내용을 해당자에게 명확히 제시한다. 1. 임금, <u>사회보험 가입 여부(추가)</u> 2. 소정근로시간, 휴게시간 3. 휴일 4. 연차유급휴가 5. 취업의 장소 및 종사하여야 할 업무에 관한 사항 6. 근로계약기간(기간제사원에 한정한다.) 7. 근로기준법 제93조 제1호부터 제12호까지에 해당하는 내용 8. ~~근로기준법 제10장에 따른 기숙사에 관한 사항(기숙사가 있는 경우에 한정한다.)~~(삭제) 제11조(…) …

취업규칙 제정 동의서

_____년 ___월 ___일부터 시행될 취업규칙에 대해 회사로부터 충분히 설명을 듣고 이에 동의함.

NO	소속	사번	성명	서명

③, ④의 취업규칙 변경 동의서

취업규칙 변경 동의서

_____년 ____월 ____일부터 취업규칙의 아래 변경 사항에 대해 회사로부터 충분히 설명을 듣고 이에 동의함.

1. 근로계약에 명시될 내용 변경
   제6조(근로계약) 1항의 1호에 임금 외에 <u>사회보험 가입 여부</u> 추가
                   8호 <u>기숙사에 관한 사항</u> 삭제
2. 연차휴가에 관한 사항 변경
   제32조(…) …

NO	소속	사번	성명	서명

노무법인 선정

자문 노무법인(또는 노무사)을 선정하면 매월 일정 비용을 지급하고 노무서비스를 받을 수 있습니다. 비용은 1개 법인에 월 10~50만원 수준으로 여러 법인을 하나의 노무법인에 의뢰하면 자문료를 할인 받을 수 있습니다. 다른 컨설팅과 마찬가지로 법인이 유명하더라도 담당 컨설턴트(노무사)가 출중하지 않은 경우 서비스의 품질이 낮아지며, 이런 경우 담당 노무사 교체를 요구하는 것이 좋습니다. 실제로 대다수 노무법인은 규모가 작은 담당 노무사 교체가 거의 불가능하니, 처음 선정 시 조심하세요.

월 자문비가 저렴한 법인은 유선 질의응답만 무료로 하고 그 외의 서비스 비용을 별도로 받는 경우도 있으니 월 자문 계약에 포함되는 것을 확인해야 합니다. 자문 서비스에는 대표적으로 유선 질의응답, 근로계약서 및 취업규칙의 새로 만드는 것과 내용 검토, 징계 대상자 내용증명서 검토, 서면 노무사 의견서 작성, 월 단위 노무 뉴스레터 (관련 법 개정, 판례, 이슈 등) 등이 있습니다. 부당 해고 소송과 같은 이슈가 발생할 경우 노무법인과 대응 시 별도의 수수료가 들어가지만 노무법인과 함께 진행하는 것이 좋습니다. 착수, 성공 수임료를 포함해 최소 300백 만원에서 최대 1천만원 정도를 생각하면 됩니다. 다만 소를 제기한 근로자가 지방노동위원회 판결에 불복하고 항소할 경우 추가 비용이 발생합니다.

경험 많은(나이 많은 X) 노무사의 노련함과 인맥으로 얻을 수 있는 정보의 힘이 노무 이슈를 수월하게 해결하는 데 큰 도움이 됩니다. 인사 실무경험이 있는 노무사가 좋으며, 없는 경우 너무 법적으로만 접근하여 유연성이 떨어집니다.

노무 이슈에서 노무사에게 자문 받을 부분

평소에 조용하고 차분한 성격의 직원이었습니다. 그는 대부분의 직원에게 친절했습니다. 그러던 그가 어느 날 갑자기 변했습니다. 업무시간에 사무실에서 욕을 하기 시작해서 폭력적으로 행동하고 마음 내키는 대로 근무 중에 퇴근했습니다. 무단결근이 잦아지고 출근하는 날이면 주변 동료가 무슨 일이 있을까 봐 조마조마하게 만들었습니다. 사무 비품 파손도 잇따랐습니다.

조심하게 만들려고 가벼운 징계를 주었습니다. 징계를 접한 그는 더 난
<u>노무사에게 현재 상황 설명과 징계 조치와 수위가 문제 없을 지 자문</u>

리였습니다. 사무실에서 큰 소리로 욕하고 소리 지르고 집어던지고 뛰쳐나가고 직원들 쉬는 공간에서 '죽여 버리겠다.'는 등 언제 터질지 모르는 시한폭탄처럼 행동했습니다. 중징계 조치가 필요하다 판단하여 징계위원회를 열었습니다. 참석하여 변론할 것을 그에게 요구했지만 그는 참석하지 않았고 중징계가 결정되었습니다. <u>결정된 징계를 그에게 통보하고 결</u>
<u>통보할 내용을 작성하여 노무사에게 자문</u>

정 된 출근 정지 기간 동안 혹시 모를 위험에 대비해 그의 지문 출입을 막았습니다. <u>또한 정해진 시점까지 계속 무단결근을 할 경우 해고될 수 있음</u>
<u>을 통보하였습니다.</u> 정황상 출입 금지가 정당한 조치에 해당하는지 여부 및 계속
된 무단 결근(해고 사유)으로 해고 가능 여부, 통보 내용 자문

그는 정해진 시점까지 계속 무단결근하였고 2차 징계위원회 일정을 그에게 통보하였습니다. 그는 징계위원회에 출석하여 욕을 하고 소리 지르며 자신을 내보내려는 음모라고 주장을 하였습니다. 출입을 못하게 하는

순간 부당 해고된 것이며, 이를 동영상으로 촬영한 것이 있으니 누가 이기나 해보자 하며 자리를 박차고 나갔습니다. 징계위원회에서 해고로 결정되었습니다. 징계위원회 상황과 결정, 부당해고 가능성, 실제 부당해고에 소송에서 출입 통제 동영상의 문제 가능성과 회사 대처 방법 자문

얼마 후 지방노동위원회에서 그를 다시 만났습니다. 횡설수설하며 답변을 하던 그와는 반대로 자문 노무사와 함께 참석한 회사의 답변은 증거에 기반하였으며 논리적이었습니다.

지노위 출두 전 노무사와 몇 차례 답변 연습, 노무사가 답변 요령 등을 알려주어 일관되고 논리적인 답변이 되도록 함, 지노위에서 합의를 권유할 경우와 회사가 패소할 경우 어떻게 할지 준비.

그는 위원들의 합의 권유를 마다하고 결정을 내려 달라고 했으나 결국 회사가 이겼습니다.

파란색 글자는 노무사에게 자문 받는 것이 좋은 부분입니다. 이 외에 어떻게 해야 할지 애매하거나 잘 모르겠는 경우 무조건 자문 받고 진행하는 것이 좋습니다.

실제 상황

　다음에 나오는 사례들을 보고 어떤 부분을 노무사에게 자문 받으면 좋을지 징계 수위는 무엇이 적당할지 생각해 보세요. 실제 벌어진 일입니다.

불륜 행위를 회의실에서 저질렀어요

　주말 저녁. 회사 경비원 아저씨가 건물을 순찰하고 있습니다. 아무도 없을 줄 알았던 5층 사무실에 불이 켜져 있습니다. 회의실에 인기척이 있습니다. 살짝 다가가 보니, 남녀가 성행위를 하고 있었습니다. 남녀는 회사 직원으로 낯이 익었습니다. 어떻게 하기가 애매해서 조용히 경비실로 내려왔습니다. 동료 경비원에게 조심스럽게 말했더니 동료도 알고 있었으며, 경비원들 사이에서는 공공연한 비밀이었습니다. 남자는 임원이고 여자는 팀장이었습니다. 둘 다 기혼입니다. 오래 살고 볼 일입니다.

직원 부인이 회사에 쳐들어 왔어요

회사 로비가 시끄럽습니다. 처음 보는 여자가 소리 지르며 회사 직원을 찾고 있습니다. 소리 지르던 여자는 영업팀 한과장 와이프였습니다. 한과장 와이프는 남편이 회사 동료와 바람이 난 것을 알았고 이혼하기 전에 남편과 불륜녀를 망신 주려고 회사로 온 것입니다. 마침 점심식사를 하러 가던 한과장과 직원(불륜녀)을 만나게 되어 로비는 엉망이 되었습니다.

직원이 일반인 성폭행 미수로 경찰서에 잡혀 있어요

출근하니 인사팀장과 임원들이 분주합니다. 밤 사이에 개발팀장이 술자리에서 합석하게 된 여성을 성폭행하려 다가 행인의 신고로 경찰에 잡혀 갔기 때문입니다. 피해자와 합의하여 풀려났지만 회사에서 징계를 어떻게 할지 고민입니다. 당장 해고시켜도 모자라겠지만 개발팀장이 진행하고 있던 프로젝트에 투자한 금액이 8,000억에 이르며 갑자기 개발팀장이 빠지면 난항을 격을 것이 당연하기 때문입니다.

인사실장이 부서원을 업무 시간에 언어/시각 성희롱해요

새로운 인사실장이 왔습니다. 소문이 안 좋았던 사람이어서 인사 부서원들은 살짝 걱정하고 있습니다. 첫날부터 이상합니다. '여직원들은 앞으로 날 보면 웃어. 그래야 내가 평가 잘 줄 거야.'라고 당당하게 업무시간에 사무실에서 말합니다. 정말 어이가 없습니다. 자리에서 일어나서 맞은편에 앉은 여직원 가슴을 뚫어져라 바라봅니다. 복도에서 지나가다 마주칠 때면 더 기분 나쁩니다. 느끼한 눈빛으로 위아래 훑어보기 바쁩니다. 그리고 하는 말 '요즘 다이어트 하나 봐.'

이렇게 한 달이 지났습니다. 김과장은 팀원들이 거북해하니 조심할 것을 조심스럽게 이야기했습니다. 친해지려고 그런 것인 데 그렇게 느꼈다면 미안하다며 조심하겠다고 했습니다. 한 달이 더 지나도 마찬가지입니다. 팀 막내가 조심해 달라고 했으나 별 차이가 없습니다. 이제 회사 내 다른 직원들도 훑어보기 시작했습니다.

회식 자리에서 상사가 여직원을 끌어안고 사귀자고 했어요

굳이 야근을 하게 만듭니다. 일이 끝나고 집에 간다는 지수씨를 굳이 밥 먹고 가자고 합니다. 정규직 전환을 결정하는 시점이 얼마 안 남은 지수씨는 어쩔 수 없이 상사를 따라갑니다. 술 한잔 마신 상사가 '지수씨 정규직 하는 거 내가 결정하는 거 알지? 잘 보여.'라고 합니다. 상사가 오너 라인이라 잘 보여서 나쁠 것은 없습니다.

화장실(남녀 공동 사용)에서 나오는데 상사가 문 앞에 기다리고 있습니다. 갑자기 끌어안고 사귀자고 합니다. 있는 힘껏 밀치고 식당을 나왔습니다. 예전에도 상사가 몇 번 이런 짓을 했다고 들었는 데 내가 당할 줄이야.. 심장이 쿵쾅거려서 어떻게 해야 할지 모르겠습니다.

선배 남자 직원이 후배 남자 직원을 회사에서 백허그해요

철수씨는 신입사원입니다. 회사의 모든 것이 낯설게 느껴집니다. 친절하고 유머러스 한 이선배가 고맙습니다. 어느 날 철수씨가 복사를 하고 있는 데, 뒤에서 이선배가 '뭐해?'하며 안았습니다. 불쾌했지만 넘어갔습니다. 이선배가 서류 정리하고 있는 철수씨를 뒤에서 또 안았습니다. 웃으면서 '징그럽게 왜 안고 그러세요?'하고 넘어갔습니다. 며칠이 지났습니다.

또 안았습니다. 벌써 다섯 번째입니다. 매번 이선배가 일부러 자신의 성기를 밀착시키는 것 같습니다.

정년퇴직 예정인 직원이 업무시간에 자리에서 야동을 봐요

선희씨는 결재받으러 가기 싫습니다. 실장님이 야동을 틀어 놓고 있기 때문입니다. 심지어 보라고 하면서 어떻게 생각하냐 묻기까지 합니다. 아무리 정년이 얼마 안 남았다고 해도 너무 합니다. 인사담당자와 팀장님에게 말해도 정년 퇴직일이 얼마 안 남았으니 조금만 참아 달라는 말 뿐입니다. 아무리 정년이 얼마 안 남았다고 해도 너무 합니다. 인사담당자와 팀장님에게 말해도 정년 퇴직일이 얼마 안 남았으니 조금만 참아 달라는 말 뿐입니다.

직원들이 회식 중에 몸싸움을 했어요

민수씨는 학수씨가 마음에 안 들었습니다. 술 한잔 마시니 더 마음에 안 들어 보입니다. 괜히 학수씨가 하는 말을 비아냥거리고 약 올렸습니다. 학수씨가 옆에 앉은 직원들과 쑥덕거리는 게 나를 비웃는 것 같습니다. 식당에서 나오자마자 민수씨가 학수씨를 한대 치면서 싸움이 시작됐습니다. 직원들이 말려도 소용없었습니다. 경찰까지 와서야 소동이 마무리됐습니다.

4인 이하 사업장의 노무관리

5인 마만 사업장의 노동관계법 적용, 미적용 사항은 다음과 같습니다.
(출처 : 4인이하 사업장을 위한 노른자 노동법 7가지, 고용노동부)

항목	적용 여부	관련 법 조항
근로조건의 명시 (근로계약서)	O	근로기준법 제17조, 기간제및단시간근로자보호에관한법 제17조 기본 노무관리의 근로기준법의 설명으로 대체합니다.
해고의 예고	O	근로기준법 제26조
휴게	O	근로기준법 제54조
주휴일(주휴수당)	O	근로기준법 제55조
출산휴가	O	근로기준법 제74조
육아휴직	O	남녀고용등과일가정양립지원에 관한 법률 제19조 (별도 설명 없음)

항목	적용 여부	관련 법 조항
퇴직급여	O	근로자퇴직급여보장법 제4조
최저임금의 효력	O	최저임금법 제6조
부당해고 및 부당해고 구제신청	X	근로기준법 제23조제1항, 제28조
근로시간	X	근로기준법 제50조
주12시간 연장 한도	X	근로기준법 제53조
연장, 휴일, 야간 가산수당 적용	X	근로기준법 제56조 제1, 2항
연차 휴가	X	근로기준법 제60조 제3항

해고의 예고. 4인 이하 사업장의 가장 큰 특징은 근로기준법 제28조(부당해고 등의 구제 신청)이 적용 안되기 때문에 비교적 해고를 자유롭게 할 수 있다는 것입니다. 하지만 해고의 예고(근로기준법 제26조, 제27조는 적용되어 30일 전에 해고될 것임을 문서로 통보하는 행위)는 해야 합니다. 해고의 예고는 징계 해고 뿐만 아니라 계약직의 계약만료, 정년퇴직 등과 같은 당연 퇴직을 포함합니다. 해고 예고를 하였더라도 사직서는 받아야 하니, 잊지 마세요. *해고 예고 통보서, 사직서 양식 별첨

휴게 시간. 근로기준법 제54조(휴게)에 따라 근무 4시간 당 30분의 휴게시간을 주어야 합니다. 근무 시작과 종료시간 중간에 주어야 하므로 통상 점심시간 1시간이 근무시간 8시간에 대한 휴게시간이 됩니다. 휴게시간은 근로시간에 포함되지 않고 임금도 지급되지 않습니다. 휴게시간은 일하기 전후에는 줄 수 없습니다.

유급휴일. 유급휴일은 법정휴일(주휴일과 근로자의 날)과 약정휴일(취업규칙, 근로계약서에서 정한 날. 통상 명절, 국경일 등)을 의미합니다. 근

로기준법 제55조 제1항에 따라 1주간 소정근로일수를 개근한 직원에게 평균 1회 이상의 유급휴일(주휴수당)을 주어야 합니다. 주휴수당은 1주 소정근로시간이 40시간 이상인 경우 [8시간 X 약정시급]으로 계산합니다. 하루에 10시간씩 계속 일했다고 해서 주휴수당을 10시간 X 약정시급으로 지급하지 않아도 됩니다. 40시간 미만인 경우 근로시간에 비례해서 [(1주 소정근로시간/40시간) X 8시간 X 약정시급]으로 계산합니다.

최저임금의 효력. 최저임금은 국가 임금의 최저 수준을 정함으로서 저임금 근로자를 보호하는 제도로 최저임금법 제3조(적용범위)에 따라 1인 이상 근로자를 사용하는 모든 사업장에 적용됩니다. 수습근로자의 수습 3개월까지 최저임금의 90%(월 급여의 90%가 아님) 지급 가능하지만, 1년 미만 근로계약 근로자와 단순노무 종사자는 수습기간 중에도 100% 지급(임금 감액 불가)하여야 합니다. 최저임금에 포함되는 금액은 '매월 지급되는 임금'으로 상여금은 최저임금 월 환산액의 20%, 현금성 복리후생비는 최저임금 월 환산액의 5% 초과분을 포함(2020년 기준)합니다.

구분	2020년	2021년	2022년	2023년	2024년 ~
월 환산 상여금	20%	15%	10%	5%	0%
현금성 복리후생비 (식대, 교통비, 통신비 등)	5%	3%	2%	1%	0%

소정근로 1주 40시간인 근로자가 월 180만원을 받는 경우

월급여	
기본급	1,500,000원
식대	100,000원
교통비	100,000원
시간외 수당	100,000원
합계	1,800,000원

〉

최저임금에 산입되는 임금	
기본급	1,500,000원
식대, 교통비	110,234원*
합계	1,610,234원

*식대교통비 20만원 중 최저임금
월 환산액 1,795,310원의
5%인 89,766원을 초과하는 금액

〉

시간당 임금으로 환산

1,610,234원 / 209시간
= 시급 7,704원
〈
최저시급 8,590원

최저임금 위반

해고 예고 통보서

소속	
직위	
주민등록번호	
성명	

내용	귀하는 아래의 사유로 인해 예고합니다. 년 월 일자로 해고됨을	
근거	근로기준법 제 조 항 취업 규칙 제 조 항 취업 규칙 제 조 항	계약직의 계약 만료, 업무능력 불량으로 인한 해고 등이 기재된 조항 작성
사유		예시) 2019.2.1 ~ 2019. 5.31의 계약기간 만료에 따름 00개월(또는 기간)의 근무기간 동안 관찰 및 평가한 결과(근거 필요_정규직 전환 평가 등) 당사에 근무하기에 적합하지 않다는 판단함

회사 노트북, 핸드폰, 법인카드 등 당사에서 지급한 물품의 반납과 업무인계 등을
_____년 ___월 ___일까지 완료하여 주십시오.

기존의 근로에 대한 임금은 _____년 ___월 ___일까지 지급될 예정입니다.

년   월   일

주식회사   (인)

사 직 서

SAMPLE

사 번		소속 부서	
성 명		생년월일	
직 위		입 사 일	
직 책		퇴직예정일	
담당직무(업무)		실제근무마감일	
자택주소			
자택 번호	H.P	E-mail	
PC 반납/인계		인수자	

상기 본인은 _____의 사유로 인하여

년   월   일부로 사직하고자 다음과 같이 서약하오니

허가하여 주시기 바랍니다.

- 다 음 -

1. 본인은 퇴직에 따른 인수인계를 실제근무마감일까지 완수하고, 재직 시에 알게 된 업무상 제반 비밀사항을 타인에게 절대 누설하지 않겠습니다.
2. 재직중 차용금, 지급비품, 사원증 등 반환물품은 퇴직일 전일까지 반환하겠습니다.
3. 기타 회사와 관련한 제반사항은 회사규정에 의거 퇴직일 전일까지 처리하겠습니다
4. 만일 본인이 상기 사항을 위반하였을 때에는 이유 여하를 막론하고 서약에 의거 민·형사상의 책임을 지며, 회사에서 요구하는 손해배상의 의무를 지겠습니다.
5. 상기의 기재한 사정으로 사직하며, 고용보험에 신고되는 상실 사유와 동일하게 기재하였음을 확인합니다.

제출일자 :   년 월 일

성 명 :   (인)

간략하게 보는 정부지원금

회사 규모에 따라 지원받을 수 있는 정부지원금이 있습니다. 다음의 표
는 2020년 3월 기준 정부지원금으로 자세한 사항은 최신 정보는 고용장
려금 홈페이지(https://www.ei.go.kr/ei/html/ems/)를 참고하기 바랍니다.

구분	고용창출장려금	고용안정장려금	고용유지지원금	기타
중소, 중견 (공공 제외)	국내복귀기업 고용지원, 신중년 적합직무	정규직 전환, 일 가정 양립 환경 개선		
모든 중소, 중견	청년추가고용			청년내일채움공제, 청년재직자내일 채움공제
모든 사업주 (공공 제외)	일자리 함께하기	워라벨 일자리 장려금		
모든 사업주	고용촉진장려금	출산육아기 고용안정지원	고용유지(휴업), 고용유지(휴직), 고용유지(무급)	직장어린이집지원, 두루누리 사회보험 료 지원(10인 미만)

추천하는 정부지원금

출처 : 고용보험 홈페이지

1) 청년추가고용
   - 지원대상 : 만 15세 ~ 34세의 청년을 정규직으로 신규 채용한 5인 이상 중소, 중견기업(성장유망업종, 벤처기업 등은 5인 미만도 가능)
     → 참고 : 고용노동부_강원고용노동지청(https://han.gl/ckCi8)
   - 지원요건 : 아래 요건 모두 충족
     ① 기업 규모별 최저 청년 고용 요건

기업규모	청년 신규채용
30인 미만	1명 이상 채용 시 지원
30~99인	2명 이상 채용 시 지원
100인 이상	3명 이상 채용 시 지원

     ② 최저 청년을 고용하여, 전년 연평균 고용보험 피보험자수 보다 기업 전체 근로자수(고용보험 피보험자수)가 증가해야 함
   - 지원수준 및 한도
     ① 지원수준 : 청년 추가 채용 1명당 연 최대 900만원을 3년간 지원하되, 기업 규모별 지원 인원을 차등
       → 30인 미만은 1번째 채용 인원부터, 30~99인은 2번째 채용 인원부터, 100인 이상인 경우는 3번째 채용 인원부터 지원
     ② 지원한도 : 기업당 최대 30명까지

2) 정규직 전환

- 지원대상 : 우선지원대상기업, 중견기업

  → 국가, 지자체, 상시근로자 5인 미만 사업장 등 지원 제외

- 지원요건 : 아래 요건 모두 충족

  ① 6개월 이상 고용되고, 계속 근로한 총 기간이 2년 이내인 기간제,
     파견, 사내하도급 근로자 또는 6개월 이상주로 해당 사업장에서
     상시적으로 노무를 제공한 특수형태업무종사를 정규직으로 전환
     하거나 직접 고용하여 1개월 이상 고용 유지

  ② 정규직 전환 이후 임금이 최저임금액 이상

  ③ 4대 보험 가입(국민연금, 건강보험, 고용보험, 산재보험)

  ④ 기존 동종 유사 업무 정규직 근로자와 임금 등에 있어 불합리한
     차별이 없어야 함

- 지원수준 및 한도

  ① 지원수준 : (임금증가액) 전환 근로자 1명당 임금상승분의 80%를
     지원 (월 최대 60만원)

  ② 지원인원 한도 : 기간제 근로자의 정규직 전환 시 지원인원은 사
     업 참여신청서 제출일이 속한 달의 직전년도 말일 기준으로 기간
     제인 피보험자 수의 120% 한도

     → 5인 이상 10인 미만 사업장 또는 앞의 120%로 계산된 한도가
        5인 미만인 경우에는 5인까지 지원

     → 파견근로자, 사내하도급근로자(기간제), 특수형태업무종사의
        정규직 전환은 지원 인원 한도 없음

- 지급기간 : 정규직 전환 후 1년간 1개월 단위 지급

3) 출산육아기 고용안정지원
   - 지원대상 : 모든 사업주
     → 간접노무지 지원 제외 : 국가, 지자체, 공공기관 등
   - 지원요건 : 30일 이상 출산전후휴가, 육아휴직을 부여
   - 지원수준
     ① 대체인력 지원비 : 대체 인려 1인당 인수인계기간(최대 2개월)은
        월 120만원(대규모기업 월 30만원) 지원 이후 채용기간은 월 80
        만원(대규모 기업 월 30만원) 지원
        → 사업주가 지급한 임금의 80% 한도로 지원
     ② 간접노무비 지원 : 해당 근로자 1인당 월 10 ~ 40만원 지원

지원유형	지원대상	회차별 지원액	지원기간	지원주기
육아기 근로 시간 단축	우선지원 대상기업	월 30만원	제도를 사용한 기간만큼 1년 범위 (단, 육아휴직 기간 중 사용하지 않은 기간을 가산하여 최대 2년 지원)	시작일로부터 30일 후에 1개월 분 지급, 종료일로부터 6개월 이상 근로자 고용 시 소급하여 지급
	대규모기업	월 10만원		
육아휴직	우선지원 대상기업	월 30만원	제도를 사용한 기간만큼 1년 범위	

※ 우선지원대상 기업에서 최초 육아휴직 부여할 경우 10만원 추가지원

□ 우선 지원 대상 기업

산업분류	상시 사용하는 근로자 수
1. 제조업	500명 이하
2. 광업 3. 건설업 4. 운수업 5. 출판, 영상, 방송통신 및 정보서비스업 6. 사업시설관리 및 사업지원 서비스업 7. 전문, 과학 및 기술 서비스업 8. 보건업 및 사회복지 서비스업	300명 이하
9. 도매 및 소매업 10. 숙박 및 음식점업 11. 금융 및 보험업 12. 예술, 스포츠 및 여가관련 서비스업	200명 이하
13. 그 밖의 업종	100명 이하

상기 표 외에 중소기업기본법 제2조 제1항 및 제3항의 기준에 해당하는 기업도 우선 지원 대상 기업에 속합니다. 제2조는 업종별 매출액 또는 자산총액 5천 이하 기업과 사회적기업, 협동조합, 협동조합연합회, 사회적협동조합, 사회적협동조합연합회, 소비자생활협동조합 등을 정하고 있습니다.

업종별 평균매출액 등의 중소기업 규모 기준

해당 기업의 주된 업종	규모 기준
1. 의복, 의복액세서리 및 모피제품 제조업	평균매출액등 1,500억원 이하
2. 가죽, 가방 및 신발 제조업	
3. 펄프, 종이 및 종이제품 제조업	
4. 1차 금속 제조업	
5. 전기장비 제조업	
6. 가구 제조업	

업종별 평균매출액 등의 중소기업 규모 기준

해당 기업의 주된 업종	규모 기준
7. 농업, 임업 및 어업	평균매출액등 1,000억원 이하
8. 광업	
9. 식료품 제조업	
10. 담배 제조업	
11. 섬유제품 제조업(의복 제조업은 제외한다)	
12. 목재 및 나무제품 제조업(가구 제조업은 제외한다)	
13. 코크스, 연탄 및 석유정제품 제조업	
14. 화학물질및화학제품제조업(의약품제조업은 제외한다)	
15. 고무제품 및 플라스틱제품 제조업	
16. 금속가공제품 제조업(기계 및 가구 제조업은 제외한다)	
17. 전자부품, 컴퓨터, 영상, 음향 및 통신장비 제조업	
18. 그 밖의 기계 및 장비 제조업	
19. 자동차 및 트레일러 제조업	
20. 그 밖의 운송장비 제조업	
21. 전기, 가스, 증기 및 공기조절 공급업	
22. 수도업	
23. 건설업	
24. 도매 및 소매업	
25. 음료 제조업	평균매출액등 800억원 이하
26. 인쇄 및 기록매체 복제업	
27. 의료용 물질 및 의약품 제조업	
28. 비금속 광물제품 제조업	
29. 의료, 정밀, 광학기기 및 시계 제조업	

업종별 평균매출액 등의 중소기업 규모 기준

해당 기업의 주된 업종	규모 기준
29. 의료, 정밀, 광학기기 및 시계 제조업	평균매출액등 800억원 이하
30. 그 밖의 제품 제조업	
31. 수도, 하수 및 폐기물 처리, 원료재생업 (수도업은 제외한다)	
32. 운수 및 창고업	
33. 정보통신업	
34. 산업용 기계 및 장비 수리업	평균매출액등 600억원 이하
35. 전문, 과학 및 기술 서비스업	
36. 사업시설관리, 사업지원 및 임대 서비스업(임대업은 제외한다)	
37. 보건업 및 사회복지 서비스업	
38. 예술, 스포츠 및 여가 관련 서비스업	
39. 수리(修理) 및 기타 개인 서비스업	
40. 숙박 및 음식점업	평균매출액등 400억원 이하
41. 금융 및 보험업	
42. 부동산업	
43. 임대업	
44. 교육 서비스업	

4) 청년 내일채움공제, 재직자 내일채움공제

　　정부, 회사, 청년이 가상계좌에 함께 불입하여 일정기간(2년, 3년, 5년)이 지난 후 모인 돈을 청년에 지급하는 제도입니다. 자세한 내용은 https://www.sbcplan.or.kr/intro.do를 참고하세요.

5) 두루누리 사회보험료 지원
  - 지원대상 : 근로자 수 10인 미만 사업장
  - 지원요건 : 근로자 월 평균 보수 금액 215만원 미만인 근로자
    → 전년도 근로소득이 2,838만원 이상인 자
    → 전년도 재산의 과세표준액 합계가 6억원 이상인 자
    → 전년도 근로소득을 제외한 종합소득이 연 2,100만원 이상인 자
  - 지원내용 : 사업자 부담분, 근로자 부담분을 신청일로 부터 36개월
    까지 지원

구분	지원한도
신규지원자 5인 미만	고용보험, 국민연금 90%
신규지원자 5인 이상 10인 미만	고용보험, 국민연금 80%
기존지원자 10명 미만	고용보험, 국민연금 30%

  - 자세한 사항은 http://insurancesupport.or.kr/durunuri/intro.php을
    참고하세요.

법정 의무교육 셀프/무료로 진행하기

법정 의무교육은 비용을 들이지 않고 할 수 있습니다. 다음 표의 url에서 동영상 시청 등을 하고 직원 서명을 받아 보관하시면 됩니다. (서명 양식 뒷장 참고)

교육명 (교육대상)	교육횟수 (과태료)	교육 동영상 사이트 url	비고
직장내 성희롱 예방교육 (모든 회사, 모든 임직원)	연간 1회, 500만원 이하	여성가족부 http://www.mogef.go.kr/oe/olb/oe_olb_s002d.do?mid=etc605&div2=405&bbtSn=704931	교육 후, 대표를 포함한 모든 직원의 서명 필요
개인정보보호 교육 (모든 회사, 개인정보취급자)	연간 1회, 미이수후 사고 발생시 5억 이하	개인정보보호 종합포털 https://www.privacy.go.kr/edu/inf/EduInfoList.do	교육 후, 교육대상자의 서명 필요

교육명 (교육대상)	교육횟수 (과태료)	교육 동영상 사이트 url	비고
산업안전보건 교육 (규모/업종에 따라 상이)	연간 1회, 미이수시 500만원 이하	안전보건교육포털 http://www.koshats.or. kr/support/training/la borer/placebusiness	상동 (교육 대상은 안전보건교육 포털에서 확인 가능)
직장내 장애인 인식개선 교육 (모든 회사, 모든 임직원)	연간 1회, 미이수시 300만원 이하	한국장애인고용공단 https://www.kead.or.k r/view/service/service 04_17_01.jsp	교육 후, 대표를 포함한 모 든 직원의 서명 필요

※ 교육명만 변경하여 사용 가능, 온라인 교육 사이트(휴넷 등) 사용시 서명 불필요

┌─ 교육 서명 양식 ─┐

0000년 직장 내 성희롱 예방 교육

SAMPLE

NO	교육 시청/참석일	소속	사번	성명	서명

회사 성장을 위한 복리후생

전략적인 복리후생

채용, 평가/보상과 마찬가지로 복리후생도 회사 성장을 위해 기획, 운영되어야 합니다. 직원들이 일에 집중할 수 있는 근무환경을 조성하는 것이 대표적입니다. 근무 환경은 사무 공간뿐 아니라 호텔 셰프 출신이 조리하는 중식, 사옥에 딸린 헬스 시설, 자유로운 분위기, 조명, 직원 건강관리 등 다양합니다. 이런 근무환경은 우수한 인재를 끌어들이고 유지하는 데 영향을 줍니다.

팀장 영민씨는 오늘도 야근입니다. 내일은 거래처 사람들과 회식이 있습니다. 주말에는 거래처 임원들과 골프 모임을 가야 합니다. 몇 달이 지나도록 가족과 시간을 보내지 못해서 미안하기만 합니다.

에이스 성은씨는 하반기에 있을 유럽 출장을 대비해 평일에 두 번, 주말 내내 어학원을 다니고 있습니다. 평일에 시간이 남으면 2~3시간이면 끝나는 미술 클래스를 찾아다니며 스트레스를 풀고 있습니다.

일 잘하는 주니어 서희씨는 결혼 예정으로 주말이면 예비 신랑과 신혼집과 혼수 보러 다니느라 바쁩니다. 평일에는 야근하거나 집에서 넷플렉스, 왓챠에서 미드나 영화를 보면서 쉬는 편입니다.

상길씨는 퇴근 시간 이후에 회사에서 지원하는 체력단련비로 헬스 클럽을 다니고 있습니다. 다음 주에는 예약한 회사 콘도에서 숙박하면서 즐거운 시간을 보낼 계획입니다.

잘하는 사람에게 일이 몰리는 현상이 회사에서 자주 발생합니다. 그럼 어떨까요? 영민씨, 성은씨, 서희씨와 같은 사람은 있는 복지도 사용하기 힘듭니다. 그리고 지칩니다. 반면 상길씨는 회사에서 제공하는 거의 모든 복지를 누릴 수 있습니다. 평가/보상 챕터에서 봤던 상길씨를 생각하면 불합리하지 않나요?

직급이나 계층(임원 등)에 따라 복지를 다르게 적용하는 것과 같은 개념으로 성과와 인력 확보 타깃을 중심으로 한 복지제도를 구성하면 어떨까요? 자기개발비와 본인 결혼을 성과를 중심으로 확대해 보겠습니다.

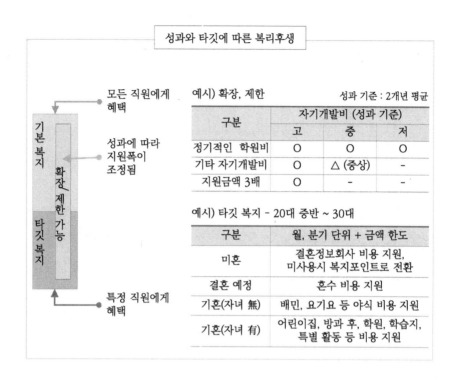

성과와 타깃에 따른 복리후생

모든 직원에게 혜택

성과에 따라 지원폭이 조정됨

특정 직원에게 혜택

기본 복지

확장_제한 가능

타깃 복지

예시) 확장, 제한

성과 기준 : 2개년 평균

구분	자기개발비 (성과 기준)		
	고	중	저
정기적인 학원비	O	O	O
기타 자기개발비	O	△ (중상)	-
지원금액 3배	O	-	-

예시) 타깃 복지 - 20대 중반 ~ 30대

구분	월, 분기 단위 + 금액 한도
미혼	결혼정보회사 비용 지원, 미사용시 복지포인트로 전환
결혼 예정	혼수 비용 지원
기혼(자녀 無)	배민, 요기요 등 야식 비용 지원
기혼(자녀 有)	어린이집, 방과 후, 학원, 학습지, 특별 활동 등 비용 지원

위와 같이 복리후생에 차등을 주면 경력직 채용시 '입사 초년도 사내 복지 고성과자 기준 적용' 등으로 연봉이 높게 책정되어 발생하는 리스크를 줄거나 회사가 원하는 특정 연령층을 확보하기 수월해 집니다.

성과에 따른 복리후생은 조사(弔事)를 제외한 대부분에 적용할 수 있습니다. 심지어 근로자 부담분을 줄여주는 식으로 국민연금, 의료보험에도 적용 가능합니다. 복리후생에 차등을 주는 것은 직원 입장에서 치사하게 보일 수 있으니 직원에게 목적을 명확하게 밝히고 '성과를 잘 내면 추가 혜택을 얻는 것' 임을 공지하고 사내 규정 등에 명시합니다. 차등에 따른 기대효과는 더 나은 성과를 유도하는 촉매로써 복리후생이 역할을 하는 것입니다.

부작용으로 고성과자에 대한 시기, 질투 등이 있습니다. 이 감정을 발전적인 방향으로 이끌기 위해 고성과자의 성과를 공개합니다. 성과 공개로 '저렇게 하면 나도 누릴 수 있겠구나.'라는 고성과에 대한 열망을 심어 줄 수 있고, '추가 혜택을 받을 만하다.'라는 인식으로 차등 부작용을 낮출 수 있습니다.

전략적인 복리후생이 되려면 성과에 따른 차등만으로 부족합니다. 여기에 타깃 인재의 라이프 사이클과 생활 스타일을 분석해서 복리후생을 신설하거나 개선해야 합니다. 다음에 나오는 복리후생 신설, 개선 사례를 통해 타깃 인재에게 매력적인 복리후생을 기획해 보기 바랍니다.

복리후생 개선 사례

D사에 최근 입사한 인사담당자 조과장은 자녀학자금 지원 제도를 이상하게 생각하고 있습니다. 회사는 2~30대가 90%이며 직원 자녀는 98%가 초등학교 저학년 이하인데, 자녀학자금은 고등학교, 대학교 자녀만 지원되는 것입니다. 자녀 학자금은 임원을 포함 4명이 받고 있었습니다. 다른 복리후생도 훑어보니 대부분 혜택을 받을 수 있는 직원이 소수였습니다. 조과장은 이 이상한 복리후생을 다 바꾸기로 결심하고 임직원의 연령, 가족 구성, 주거, 직종, 근속, 복리후생 지급 내역 등을 검토하였습니다.

데이터를 검토한 결과는 「미혼, 기혼이 50대 50, 기혼의 70%는 자녀가 있고 자녀의 90% 미취학 아동, 주거는 전월세가 80%, 직종은 IT 회사답게 과반수 이상이 프로그래머(채용이 어려운 상황), 근속은 평균 2~3년(고성과자 평균 4년, 중간 성과자의 평균 3년), 인당 평균 복리후생 혜택 횟수는 연 2회 미만(사회보험 제외, 건강검진 포함, 선택적 복지 1회로 산정), 인당 평균 복리후생 혜택 금액은 100만원 미만」입니다.

데이터 분석하기 전에 조과장은 직원들이 우리 회사 복지가 없다고 말하는 것이 조금 이해되지 않았습니다. 규정상으로 보면 있을 만한 것은 다 있는 데 말이죠. 하지만 '인당 평균 복리후생 혜택 횟수가 연 2회 미만'인 것을 보고 이해됐습니다. 반찬이 많아도 먹을 수 있는 게 없다면 없는 것이니까요. 그래서 직원들이 혜택을 자주 받을 수 있도록 제도를 변경하고 도입했습니다.

자녀학자금에 자녀 나이 제한을 없애고 분기 지원 한도를 정하여 자녀 학습에 관련된 모든 비용을 한도 내에서 지원받을 수 있도록 하였습니다. 미혼 직원과 자녀가 없는 기혼 직원의 경우 상대적으로 부족할 수 있는 복지를 축의금, 출산축하금과 선물 등을 상향 조정하였습니다.

기존의 사내 대출은 대출금을 직원에게 회사가 지급하는 형태였으나 퇴사 시 상환하지 않는 상황이 몇 차례 발생하여 대출 재원이 부족하여 유명무실 한 대출제도가 있었습니다. 이 상황을 개선하기 위해 대출 이자 지원 제도를 도입해 회사 리스크와 직원의 전월세 부담을 줄였고 대출 미상환 퇴사자의 채권을 판매하여 대출 재원을 확보하였습니다. 외부 은행 대출 발생 시 이자 지원을 적용 못 받는 직원만 사내 대출을 실행하였으며 보증보험 가입을 필수로 하여 리스크를 줄였습니다. 대출 이자 지원금은 매월 대출 이자의 납입 내역이 확인된 경우에 월 한도 금액까지 지원하였습니다.

선택적 복리후생 포인트는 직급 차등을 줄이고 근속으로 차등을 주는 것으로 변경하여 장기근속을 유도하였습니다. 차년도부터 성과에 따라 2.5 ~ -0.5배의 포인트가 지급될 예정입니다. 이외에도 경쟁사 대비 부족한 복리후생을 검토하여 직원 구성에 적합하게 도입했습니다.

변경된 제도의 시뮬레이션 결과, 인당 평균 복리후생 혜택 횟수는 연 8회 정도가 예상되었습니다. 복리후생 예산은 기존보다 0.3배 증가 예상되었습니다. 증가된 비용은 차년도 인건비 재원에서 차감할 계획입니다.

위 사례에서 성과에 따른 차등을 가능한 많은 복지에 확대하고 타깃 인재에게 제공되는 복지를 추가하며 이전보다 매력적인 회사가 될 수 있습니다.

행복 심리학자 서은국 교수님의 「행복의 기원」에 보면 '행복은 강도가 아니라 빈도다.'라는 얘기가 나옵니다. 복리후생은 행복과 같습니다. 액수보다 횟수가 중요합니다. 급여와 함께 지급되면 안 됩니다. 별도의 지급일에 '자기개발비 지급' 등과 별도의 내역으로 통장에 찍혀야 합니다. 그래야 직원은 급여 외에 많은 혜택을 받고 있다고 느낄 수 있습니다.

2주 안에 끝내는 직무분석과 역량모델링

「 직무분석과 역량모델링을 인터넷에 검색하면 거의 다 비슷한 이론 설명과 방법론이 나옵니다. 대충 어떻게 하는지 알겠지만 어떻게 시작해야 할지 감이 안 잡힙니다. 자료 보고 고민하다 하루를 보냈습니다. 」

인사 3년차 신인사제도를 도입하려고 검토하던 일상입니다. 5년이 지나 그 시절을 되돌아보니 왜 그렇게 인터넷에 나오는 방법론에 얽매였나 싶었습니다. 쉽게 할 수 있는데 말이죠. 다음은 제가 8년차에 실제 직무분석과 역량모델링을 진행하는 것에서 마무리까지 2주 안에 끝낸 방법입니다. (참고로 역량풀 조사 기간은 별도입니다.) 인사담당자 혼자 다른 업무를 하면서 진행 가능하니 부담 없이 시작하세요.

방법은 간단합니다. 직무분석(역량모델링 포함) 가이드를 작성해서 현업에 송부하고 작성된 내용을 취합하는 것입니다. 그게 되겠냐고요? 됩니다. (참고로 중견 이하 기업에 추천하는 방법이며, 모든 자료는 엑셀로 만듭니다. 또한 병렬로 일을 진행할 수 있어야 가능합니다.)

첫 번째, 준비하기

사람은 용어가 어려우면 실제가 쉽더라도 어렵게 여깁니다. 직무분석은 인사담당자에게 '아.. 직무분석 어떻게 하지?' 수준으로 어렵고 현업에게 '저게 뭐야?'로 어려움을 넘어 생소한 용어입니다. 이런 상황에서 매끄럽게 진행되기란 어려운 일입니다. 역량모델링도 마찬가지죠. 최대한 현업이 이해하기 쉽게 어려운 용어는 빼고 진행해야 합니다.

직무분석을 쉽게 말하면 '직무의 목적과 목적 달성을 위해 해야 하는 일, 그리고 그 일을 하기 위해 필요한 요건을 정의하는 것'입니다. 이를 기준으로 진행순서를 정리하면 다음과 같습니다.

1st 직무 목적 작성	2nd 해야 하는 일 작성	3rd 필요한 요건 작성	The end (결과물 확인)

직무분석 세부 가이드와 양식을 만들기 전에 현업에 팀 내 업무를 요청하여 취합합니다. 이때 팀내 업무 개수는 한 개에서 여러 개가 될 수 있으며, 제대로만 작성되었다면 개수가 몇 개 인지는 중요하지 않습니다.

본부	실/센터	팀	업무(금제)
경영지원본부	-	인사팀	채용
경영지원본부	-	인사팀	평가
경영지원본부	-	인사팀	...
...	-	...	...

팀 내 업무가 취합되면 본부 또는 실/센터는 직군, 팀은 직렬, 업무를 직무로 사용하여 직무체계 초안을 작성합니다. 이렇게 해도 되나 하는 의문이 들 수 있지만, 실제로 직무분석을 해서 직군, 직렬, 직무를 나눈 것과 98% 일치하고 직관적이며 1~2일 내에 직무 조사를 끝낼 수 있다는 장점이 있습니다.

역량모델링은 제대로 하려고 들면 많은 시간과 적절한 역량, 인내심이 필요합니다. 하지만 현실은 늘 부족합니다. 이 난관을 가장 쉽게 해결하는 방법은 제대로 역량모델링 된 것이라 의심할 수 없는 역량POOL을 가져다 사용하는 것입니다.

역량풀 조사는 먼저 글로벌 회사 1개, 글로벌 컨설팅 회사 1개, 국내 5대 대기업 1개, 업계에서 5개 등 수집할 역량풀 개수를 정합니다. 목표한 역량풀이 채워질 때까지 키워드를 바꿔가며 끊임없이 구글링 합니다. 주말이면 서점에서 각종 인사 관련 국내외 도서를 뒤적거리고 지인과 지인의 지인을 활용 등 생각할 수 있는 모든 방법을 동원하여 조사합니다. 중요한 것은 포기하지 않고 찾는 것입니다. 조사로 인한 피로감을 줄이기 위해 최소 3달 이상 생각하고 꾸준히 진행합니다.

조사가 완료되면 모든 역량을 하나의 엑셀 시트에 역량 종류(공통/리더/직무 등), 역량명, 정의만 모읍니다. (역량풀 내용이 다르지만, 역량명과 정의는 꼭 있습니다.) 조사해 보면 역량풀의 내용이 70%는 비슷한 것을 알 수 있습니다. 어느 회사나 일의 본질은 동일하니 당연한 이치입니다. 유사한 것은 통합하고 우리 회사에 불필요한 것은 제외하는 작업을 반복하여 최대 30개 내외로 역량풀 초안을 만듭니다.

공통 역량과 리더십 역량. 준비된 역량풀로 전직원을 대상으로 '회사의 모든 직원에게 필요한 공통 역량을 3개 선택하는 것과 회사의 리더에게 필요한 역량을 3개 선택하는 것을 설문 조사합니다. 설문에서 역량명과 정의를 직원이 보고 선택할 수 있어야 합니다. 설문이 종료되면 최다 투표 순으로 정리하여 경영층에 의사결정을 받습니다.

직무 역량은 직무기술서를 작성에 포함하여 진행합니다.

공통 역량, 리더십 역량, 직무 역량은 개수는 최소화하는 것이 좋습니다. 공통 역량 3개, 리더십 역량 3개, 직무 역량 5개만 해도 경우에 따라 요구되는 역량이 최대 11개입니다. 실제로 개발/관리하기 힘든 역량 개수입니다.

현업이 업무 구분 작성, 역량 설문 조사를 하는 동안 인사담당자는 직무분석 가이드와 양식을 작성합니다. 가이드는 한 번에 하나에만 집중할 수 있도록 하나의 엑셀 파일에 5개의 sheet로 나눠 만듭니다. 참고로 1개의 업무 구분(직무)에 1개 파일(직무기술서)이 만들어져야 합니다.

첫 번째 시트는 취합한 직무체계(업무 구분)를 넣습니다. 작성자가 보기 불편할 정도로 직무가 많다면 소속 부서의 것만 넣습니다.

두 번째 이후는 현업이 작성하는 시트입니다. 두 번째 시트 현업이 직무 기본과 목적을 작성합니다. 직무 기본은 직무 체계를 참고해서 작성하며, 직무 목적은 '왜 이 직무가 필요한가'를 기준으로 작성합니다. 세 번째 시트는 직무 목적을 달성하기 위해 해야 하는 일 (TASK)을 작성합니다. 테스크는 세부 액션이 아닌 '채용 전략 기획'과 같은 단위입니다. 네 번째 시트는 테스크를 수행하기 위해 필요한 역량 등의 최소 요건을 작성합니다.

'직무 기본 사항과 목적' 작성 가이드

직군	직렬	직무	수행 추천 직급
경영지원	인사	채용	대리, 과장, 차장

①

1) 작성할 직무의 '직군, 직렬, 직무'를 작성합니다. (직무체계sheet를 참고)
  ※ 직군, 직렬, 직무를 수정하고 경우 인사팀으로 문의주세요.
2) 수행 추천 직급은 직무를 수행하기에 이상적인 직급을 작성합니다.

②

직무 목적	우수한 인재 영입으로 회사의 성과를 높이는 데 기여한다.

1) 직무의 존재 이유를 작성합니다.
  - '왜 이 직무가 필요한가'에 대해 생각하는 답을 작성하세요.
2) 되도록 한문장으로 이해하기 쉽게 작성합니다.

직무 기본 사항과 목적

직군	직렬	직무	수행 가능 직급	수행 추천 직급

직무 목적	

'직무 목적을 달성하기 위해 해야 하는 일' 작성 가이드

해야 하는 일(TASK)	정의	소요기간 또는 빈도
① 채용 전략 기획	② 우수 인재 발굴, 입사를 위한 전략을 …	③ 1~2개월
공개 채용 기획/진행	…	3개월
…		

1) 해야 하는 일(TASK)은 DEPTH 1 수준의 액션을 작성하세요.
   예) DEPTH 1의 업무 '채용 전략' 작성(X), DEPTH 1 수준의 액션 '채용 전략 기획' 작성(O)

2) 정의는 이해하기 쉽게 1개의 TASK에 3줄이 넘지 않도록 작성하세요.

3) 소요기간 또는 빈도는 TASK에 적합하게 작성하세요.

※ TASK는 최대 20개를 넘지 않도록 하세요.

직무 목적을 달성하기 위해 해야 하는 일

해야 하는 일(TASK)	정의	소요기간 또는 빈도
실제 가이드에서는 10~15개 줄을 양식으로 만들어 놓고 필요시 현업이 추가하여 작업하도록 안내		
…	…	…

'일(TASK)을 하기 위해 필요한 최소 요건' 작성 가이드   1/2

공통 역량	리더십 역량
커뮤니케이션	추진력
…	…

※ 공통 역량, 리더십 역량을 제외한 역량만 직무 역량으로 선택 가능합니다.

직무 역량	정의
① 계획적 사고 ▼	일의 시작부터 끝까지 진행 과정을 …
…	…

1) 일(TASK)을 하기 위해 필요한 역량을 선택하세요.
2) 5개 선택 필수입니다. (※ 회사 상황에 맞추어 조정 가능, 1~5개 추천)

1) 경영층에 의해 확정된 공통 역량, 리더십 역량을 제외한 역량풀에서 역량명을 엑셀의 유효성 검사 기능을 사용해서 목록으로 나오도록 합니다.
2) 불러온 역량명에 해당하는 정의가 자동으로 나오도록 엑셀 함수(VLOOKUP 등)를 사용합니다.

스킬	지식
② MS-OFFICE 능숙	채용 프로세스 및 채용 트랜드
…	…

4) 일(TASK)을 하기 위해 필요한 스킬과 지식을 작성하세요.

추천 선행 직무 (몇 개월 또는 몇 년)	자격 사항(학력 포함)
③ 인사 운영 (2년 이상)	대졸 이상
…	…

5) 일(TASK)을 하기 위해 필요한 선행 직무와 자격사항을 작성하세요.

일(TASK)을 하기 위해 필요한 최소 요건   2/2

직무 역량	정의
선택 ▼	
선택 ▼	
선택 ▼	
선택 ▼	
선택 ▼	

스킬	지식

추천 선행 직무 (몇 개월 또는 몇 년)	자격 사항(학력 포함)

직무 기술서

직군	직렬	직무	수행 추천 직급
경영지원	인사	채용	대리, 과장, 차장

직무 목적	우수한 인재 영입으로 회사의 성과를 높이는 데 기여한다.

직무 목적을 달성하기 위해 해야 하는 일

해야 하는 일(TASK)	정의	소요기간 또는 빈도
채용 전략 기획	우수 인재 발굴, 입사를 위한 전략을 …	1~2개월
공개 채용 기획/진행	…	3개월
…		

▲ 1~2 페이지로 구성

일(TASK)을 하기 위해 필요한 최소 요건

▼ 1 페이지로 구성

직무 역량	정의
계획적 사고	일의 시작부터 끝까지 진행 과정을 …
…	…

스킬	지식
MS-OFFICE 능숙	채용 프로세스 및 채용 트랜드
…	…

추천 선행 직무 (몇 개월 또는 몇 년)	자격 사항(학력 포함)
인사 운영 (2년 이상)	대졸 이상
…	…

두 번째, 현업에 가이드 송부하고 작성 도와주기

작성된 가이드를 팀장 이상 리더에게 송부하여 작성을 요청합니다. 가이드와 양식으로 진행이 안 되는 부서는 옆에서 보조하여 완료되도록 만듭니다. 취합된 내용을 보면, 주로 직무 목적과 해야 하는 일(TASK)이 정리가 안 된 경우가 있습니다. 주된 원인은 '목적, 일(TASK)'이라는 단어를 추상적으로 생각해서 발생합니다. 웃으면서 '그냥 머릿속에 처음 떠오르는 직무가 있는 이유가 무엇인가요?'라고 구두로 물어보세요. 그럼 떠오르는 말을 적어 놓고 조금만 문어체로 바꾸면 직무 목적이 됩니다. 일(TASK)도 같습니다. '직무 담당자가 하는 일이 무엇인가요?'를 물어보세요. 그리고 쭉 생각나는 내용을 작성하고 문어체로 다듬으면 됩니다.

현업 작성 기간은 주말을 포함해서 달력 일수로 7일이 되도록 충분합니다. 작성자에게 정신적 여유를 주기 위해서 주말을 포함합니다.

세 번째, 직무분석 결과 보고

진행 경과와 결과(본부별 직무/역량 개수 등), 사용 빈도가 높은 직무 역량 및 추후 회사의 인재개발 방향, 그 외 결과 활용 방안(채용, 평가, 발령, 교육훈련 등)을 정리하여 경영층에 보고합니다. 전직원이 CDP 등에 참고할 수 있도록 공개합니다.

4장

대표님의 고민

대표는 외롭다.

직원이 자꾸 퇴사해요.

퇴사 유발자의 존재

　김대표님은 직원이 몇 달을 못 버티고 퇴사하는 게 이해되지 않습니다. 급여와 복리후생이 업계에서 상위권에 속하는 편이고 직원들에게 잘해주려 신경 쓰는 데 왜 자꾸 퇴사하는지.. 생각해 보면 야근도 없습니다. 아무래도 직원 교육이 부족한 것 같아서 몇 달 전부터 외부 교육비도 지원해 주고 있습니다.

　오늘 이대리가 퇴사한다고 합니다. 퇴사 이유를 물어보면 '그냥 다른 데 됐어요.'라는 대답만 돌아옵니다. 다른 이유를 물어봐도 대답을 잘 안 합니다. 팀장에게 물어보니 '이대리가 다른 일 해 보고 싶어 한다.'는 대답입니다. 경영지원본부에서만 상반기에 일곱 명이 퇴사했습니다. 본부장에게 물어보니 '제가 부덕해서 그렇습니다.'는 소리만 합니다.

급여, 수당, 복지 등을 올려주고 맛있는 것을 많이 사주어도 직원이 계속 퇴사하는 회사가 있습니다. 이럴 때 대표님들은 생각하는 이유는 회사 규모가 작아서, 이직 기회가 있어서 등을 말합니다. 여기에 '사람 때문에 관둔다'는 것을 더해야 합니다. 대표님들이 '사람'을 퇴사 사유로 말하지않는 이유는 '다른 직원 때문에 퇴사한다'는 것이 대표님에게 잘 와 닿지 않으며, 대다수 퇴사 유발자가 대표님에게 잘하기 때문입니다.

퇴사 유발자를 찾는 방법으로 도서 함부로 말하는 사람과 대화하는 법과 또라이 제로 조직에서 찾은 좋은 툴을 공유하니 시간이 걸리더라도 퇴사 유발자를 찾아보세요. 찾았다면 가벼운 경고로 시작하여 권한을 줄이거나 독립적인 업무를 주는 것이 좋으며 개선이 안된다면 퇴사를 권유하는 것이 좋습니다.

출처 : 함부로 말하는 사람과 대화하는 법

그 사람이 못된 사람인지 식별하기 ※ 회사 생황에 적합하게 바꿔서 사용하세요.
5점 평가 : 드물게(1점) | (2점) | 가끔(3점) | (4점) | 자주(5점)

1. 그 사람이 언제 폭발할지 몰라 살얼음판 위를 걷듯 조심조심 말하고 행동하는가?
2. 그 사람이 당신보다 우월한 듯 행동하는가? 당신을 무력한 사람처럼

대하는가?

3. 그 사람은 무엇이든 잘못되면 남들을 비난하는가?

4. 그 사람은 다수 앞에서는 공손하다가 일대일 상황에서는 잔혹하게 변하는 지킬과 하이드 유형인가?

5. 그 사람이 당신을 주눅 들게 하는 위협적인 태도, 더 나아가 폭력적인 행동을 취하는가?

6. 그 사람이 대화를 독점하는가? 자기 외엔 아무도 입을 열지 못하게 하는가?

7. 그 사람이 경멸을 담은 호칭이나 욕설로 당신을 부르는가?

8. 그 사람은 (돈 문제, 식성, 여행 등에서) 자기 마음대로 결정하려 하고 이의를 제기하면 공격하는가?

9. 그 사람이 당신을 가족이나 친구로부터 떨어뜨려 놓으려 하는가? 남들과 시간을 보내려 하면 화를 내는가?

10. 그 사람은 순교자인 척하면서 당신에게 죄책감이나 책임감을 안겨 주는가?

11. 그 사람은 당신이 제대로 대응하지 못할 것을 알고 공개적으로 싸움을 걸거나 비판하는가?

12. 관계를 끝내겠다고 위협하면 태도가 달라졌다가 얼마 후 다시 본래대로 돌아오는가?

13. 그 사람의 행동을 정면으로 비판하면 방어적인 태도를 취하며 왜 자기를 괴롭히느냐고 말하는가?

14. 약속을 깨고 말을 뒤집고 일을 망치는 등 사고를 쳐 놓고는 그에 대해 지적하면 당신이 과잉 반응한다고 비난하는가?

15. 그런 그 사람이 곁에 없을 때 당신은 행복한가?

35점 이하 : 상대는 못된 사람이 아닙니다. 가끔 상대의 기분을 상하게 할수는 있지만 윈윈 대화를 시도한다면 그럭저럭 원만하게 지낼 수 있습니다.

36~55점 : 상대는 가끔씩 악질적인 행동을 보입니다. 필요할 때 대응의 강도를 높인다면 상대는 자기 행동이 부적절하다는 점을 깨달을 것입니다. 냉정을 유지하며 건설적으로 대화한다면 문제를 해결하고 관계를 복원하면서 앞으로 나아갈 수 있습니다.

56점 이상 : 안타깝게도 제대로 된 악질한테 걸린 셈입니다. 가만히 있어서는 안 됩니다. 펜을 꺼내고 자리에 앉아 메모할 준비를 하세요. 그리고 상대가 당신의 인생을 망가뜨리지 못하게 막을 계획을 수립해야 합니다.

위의 툴은 자칫 마녀사냥이 될 수 있으니 먼저 스스로 점검해 보는 툴 (자가 진단 : 당신은 또라이 인가?)로 자신을 점검한 이후 사용하세요.

출처 : 또라이 제로 조직

자가 진단 : 당신은 또라이 인가?   ← 제목은 바꿔서 사용하세요.

'예, 아니오'로 답변

● 다른 사람에 대해 본능적으로 느끼는 반응은 무엇인가?

1. 당신은 주위에 무능한 바보들만 있다고 생각한다. 그래서 이따금 그들에게 뭐가 맞는 건지 알려주지 않을 수 없다.

2. 당신은 현재 이 아니꼬운 녀석들과 함께 일하기 전까지는 괜찮은 사람이었다.

3. 당신은 주변 사람들을 신뢰하지 않는다. 그리고 그들도 당신을 신뢰하지 않는다.

4. 당신은 동료를 경쟁자라고 생각한다.

5. 당신은 '사다리를 오르는' 가장 좋은 방법 중 하나는 다른 사람을 아래로 밀어버리거나 제거하는 것이라고 생각한다.

6. 당신은 다른 사람들이 괴로워하고 몸부림치는 것을 남몰래 즐긴다.

7. 당신은 동료에 대해 질투심을 자주 느끼고, 동료가 일을 잘했을 때도 순수하게 기뻐하는 게 쉽지 않다.

8. 당신은 친한 친구는 얼마 없는데 적은 상당히 많다. 그리고 이 두 가지가 다 만족스럽다.

● 당신은 다른 사람을 어떻게 대하는가?

9. 당신은 종종 직장 내의 패배자들과 이상한 녀석들에 대한 경멸감을 참을 수가 없다.

10. 당신은 직장 내 몇몇 바보들에게는 노려보거나 모욕하거나 때로는 소리를 지를 필요가 있다고 생각한다. 그렇게 하지 않으면 그들은 절대 발전하지 못한다.

11. 당신은 당신 팀의 성과에 대한 공을 당연히 차지한다. 그러면 왜 안되는가? 당신이 없었으면 그들은 아무런 공도 세우지 못했을 텐데.

12. 당신은 회의 석상에서 상대방에게 창피를 주거나 난처하게 할 목적 외에 아무 의미도 없는 쓸데없는 논평을 즐겨 던진다.

13. 당신은 다른 사람의 실수를 재빨리 지적한다.

14. 당신은 실수하지 않는다. 일이 뭔가 잘못되면 항상 핑계를 댈 멍청한 녀석을 찾는다.

15. 당신은 지속적으로 다른 사람의 말을 가로챈다. 뭣보다, 당신이 해야 할 말이 훨씬 중요하기 때문이다.

16. 당신은 상사나 권력을 가진 사람에게 끊임없이 아첨한다. 그리고 아랫사람도 당신에게 그렇게 해주기를 바란다.

17. 당신의 농담이나 괴롭힘이 약간 추잡하거나 비열해질 때가 있다. 하지만 당신은 그게 너무 재미있다고 생각한다.

18. 당신은 현재의 당신 팀을 좋아하고 팀원들도 당신을 좋아한다. 하지만 회사 내의 다른 팀과는 언제나 다툰다. 당신은 자기 팀 외의 다른 사람은 모두 별 볼일 없는 얼간이로 취급하는데, 어차피 자기 팀원이 아니라면 상관도 없고 적일 수밖에 없기 때문이다.

● 다른 사람들이 당신에게 어떻게 반응하는가?

19. 당신은 사람들이 당신에게 이야기할 때 눈을 피하려 하거나, 또 종종 매우 신경이 날카로워 있다는 것을 알아챈다.

20. 당신은 사람들이 당신과 관련된 이야기를 할 때는 언제나 아주 조심스러워한다고 느낀다.

21. 사람들이 당신 이메일에 대해 계속 적대적인 반응을 보인다. 때로는 그게 심해져 그런 사람들과 격렬한 다툼으로 확대되기도 한다.

22. 사람들이 당신에게 개인적인 이야기를 하는 것을 꺼리는 것 같다.

23. 사람들이 재미있는 이야기를 하다가 당신이 나타나면 딱 멈추는 것 같다.

24. 사람들이 항상 당신이 도착하면 나가봐야 한다고 말하는 것 같다.

'예'가 0~5개 : 당신은 공인 또라이는 아닌 것 같습니다. 물론 스스로 속이지 않았다면 말이죠.

'예'가 6~15개 : 당신은 공인 또라이의 경계선에 있는 것 같습니다. 더 나빠지기 전에 당신의 행동에 변화를 주어야 할 때가 온 것 같습니다.

'예'가 16개 이상 : 당신은 완전 공인 또라이 같습니다. 즉시 다른 사람의 도움을 받아야 합니다.

회사에 또라이가 있는 경우 미치는 영향

직원 이직률 증가 및 동기 저하, 혁신과 창의성 저하, 협동과 단결심 저하, 자율성 저하, 회사 분위기 침체, 또라이를 달래고 진정시키고 상담하고 징계하는데 들어가는 시간, 피해자를 회복시키는데 들어가는 시간, 또라이에게 피해를 덜 입도록 부서와 구성원을 재조정하는데 들어가는 시간, 퇴사한 또라이와 피해자의 대체자를 채용하고 교육하는데 들어가는 시간, 관리상의 허탈감, 또라이가 제기한 소송에 들어가는 시간과 비용 등이 있습니다.

좋은 사람을 입사하게 만들고 유지하기 위해 높은 연봉과 성과급, 훌륭한 복리후생도 필요하지만 더 중요한 것은 '실력과 인성이 좋은 동료(상사, 대표 모두 포함)'입니다. 함께 일하는 것으로 자기 계발이 되고 마음 편하게 일할 수 있는 근무 환경은 최고의 보상입니다. 사람은 돈만으로 움직이지 않는다는 것을 꼭 기억해야 합니다. 만약 좋은 사람만 직원으로 있는데도 퇴사가 잦다면 대표님도 앞의 두 가지 툴로 스스로를 돌이켜 보세요.

비전이 없다

지현씨는 자유로운 분위기와 성장 가능성이 매력적인 스타트업으로 이직했습니다. 입사한 지 몇 달이 지나서 지현씨는 후회하고 있습니다. 분위기가 자유롭다 못해 엉망이고, 성장 가능성은 듣기 좋은 말로만 포장된 것에 불과했기 때문입니다. 조만간 대표님과 상담해 보고 계속 다닐지 결정해야 할 것 같습니다.

중소기업에 다니는 민수씨는 이직을 준비하고 있습니다. 회사를 10년째 다니고 있지만 만날 하는 것도 똑같고 몇 년이 지나 팀장이 돼도 책임질 일만 많아지고 좋을 게 없어 보여서 이직을 결심했습니다. 이번 기회에 연봉도 높이고 큰 회사 경험도 해 보고 싶습니다.

대기업에 재직 중인 소민씨는 CFO가 되고 싶었습니다. 이년 전에 뛰어난 스펙과 경력을 갖춘 부장님이 사내 정치에서 밀려 CFO가 안 되는 것을 봤습니다. 소민씨는 CFO라는 꿈은 잊고 그냥 하루하루 회사를 다닐

뿐이었습니다.

승재씨는 회사를 계속 다닐지 말지 고민 중입니다. 선배들을 보면 회사를 10년 이상 다녀도 지금과 별다를 게 없기 때문입니다. 급여도 딱히 많이 오를 것 같지도 않고, 회사에 답이 없어 보입니다. 인터넷에 보면 회사를 관두고 사업을 하거나 프리랜서, 유튜버를 해서 돈도 벌고 즐거운 인생을 사는 사람이 많은 데, 나만 뒤쳐지는 것 같습니다.

'비전이 없다.'는 말은 급여 조건, 인간관계와 함께 자주 언급되는 퇴사 사유입니다. 개인의 비전을 찾을 수 있는 회사는 얼마나 될까요? 이 질문의 답을 생각하기 전에 '비전'이 무엇인지 생각해 봐야 합니다. 두산 백과에서 비전을 찾아보면 다음과 같습니다.

> 비전은 조직이 장기적으로 지향하는 목표, 가치관, 이념 등을 통칭한다. 일반적으로 비전은 조직이 앞으로 어떻게 되어야 하는지에 대한 이상적인 모습을 보여준다. 비전은 기업 실무에서 미션과 큰 구분 없이 사용되기도 하지만 학술적으로는 미션과 구분되는 개념이다. 미션이 조직의 존재 이유로서 기업이 생존하는 한 절대 변하지 않는 목적이라면 비전은 오랜 기간 동안 유지되지만 정기적으로 변하는 요소로서, 조직의 미래 바람직한 모습을 표현한 것이다. 다시 말해, 특정 미래 시점에 걸맞은 기업의 위상을 미리 정해 놓은 것이 비전이 된다. 비전은 조직의 목표 수립 및 전략 개발의 가이드로 적용하며 리더 의사결정 과정에서 준거 체계가 된다. 또한 모든 구성원들이 공유하는 정신적인 체계를 제공하는 역할을 하며 리더가 사회적 영향력을 발휘하는데 도구가 되기도 한다.

개인의 비전은 '장기적인 목표'로 회사의 것과 의미는 같지만 목표는 다를 수 있습니다. 회사는 다를 수 있다는 것을 당연한 것으로 받아들여야 합니다. 회사는 개인의 비전을 회사 내에서 찾거나 달성할 수 있도록 도움을 주는 제도를 운영합니다. 이를 경력개발 프로그램(CDP, Career Development Program)라고 합니다. CDP는 회사 내의 직무 중에서 개인의 비전을 찾을 수 있다는 것을 전제로 합니다. 그런데 이 전제가 현실적이지 않습니다.

네이버 지식백과에서 CDP를 찾아보면 다음과 같습니다.

> 개인의 육성에 관한 장기적 비전을 세우고 단계별로 교육훈련을 실천해 나가는 제도로서 경력개발이라고 한다. 조직 구성원이 과거에 몸담았던 직종(경력), 연구테마, 취득한 자격, 특수기술, 가정상황 등이 기재된 인사카드와 희망직종과 자기 계발 목표가 기입된 자기 신고서, 인사고과표 등을 종합적으로 분석하고, 그것에서 그 사람이 장래 어떤 경력을 선택하는 것이 좋은가를 찾아서 장래희망 위치(position), 필요한 지식, 기능, 자격 등을 명확히 하고, 그것을 목표로 한 이동과 육성을 계획적으로 실시해 나간다.

개인의 비전은 회사의 직무의 종류로만 한정 짓기에는 셀 수 없을 정도로 많습니다. 월세로 5백 이상 버는 것, 내 이름을 건 공방 만드는 것, 스타트업 창업하는 것, 100만 구독자 유튜버 되는 것 등 다양합니다. 당연히 CDP라는 제도로는 불가능합니다. 그럼 어떻게 해야 회사를 다니는 것이 개인의 비전을 이루는 것에 도움이 된다고 생각하게 만들 수 있을까요?

현실적인 것은 '목표를 달성하면 용도를 묻지 않고 지원하는 자기 계발 비용을 지급'하는 것입니다. 비용에는 업종 무관 모든 학원 비용, 이동 비용, 일회성 강의 참석 비용, 스터디 카페 비용, 커피 비용 등 모든 비용을 포함해야 합니다. 비용은 분기 단위 한도로 후 정산 형식으로 운영하는 것이 좋습니다. 지원금액은 성과에 따라 차등합니다.

성과급과 다른 부분은 사용하지 않으면 없어진다 것과 사후정산으로 용도를 제한할 수 있다는 것입니다. 성과급이나 급여에 포함해서 지급할 수도 있지만, 복리후생 혜택으로 인식하지 않는 문제가 있으니 별도의 지급일에 지급해야 효과가 좋습니다. 앞서 복리후생을 다룰 때도 말했지만, 복리후생은 횟수가 중요합니다.

체계가 없다 (주먹구구식이다)

주먹구구식 「 어림짐작으로 대충하는 방식 」(출처 : 표준국어대사전)

중소기업 대표님들을 만나면 '회사에 체계가 없어서 그런지.. 또는 제가 주먹구구식으로 해서 그런지..'로 시작해서 '체계를 세우려면 어떻게 해야 할지 모르겠다.'는 말을 많이 듣습니다. 직원들도 그렇게 느끼는 것일까요. 잡플래닛의 기업 평판 중 평점이 낮은 회사에 '회사에 체계가 없다, 주먹구구식이다.'는 말이 꼭 등장합니다.

주먹구구식 경영이 오래된 회사는 세 가지 특징이 있습니다.

첫 번째, 일보다 윗사람과 대표의 기분을 살피는 것이 우선이 됩니다. 어제 하라고 한 것도 오늘 왜 하냐고 할 때가 많습니다.

두 번째, 직원이 회사를 신뢰하지 않습니다. 열심히 하면 주겠다는 성과급, 연봉 인상은 연 초에만 들을 수 있는 말입니다.

세 번째, 이전의 사례를 많이 아는 기존 직원의 기득권이 세서 신규 입사자가 적응하기 힘듭니다. 기존 직원만의 리그가 형성되어 있고 새로운 사람을 배척합니다.

주먹구구식 경영을 개선하는 방법은 명확한 기준과 프로세스에 의해 일을 진행하는 것입니다. 인사를 예로 들면 근로계약과 취업규칙에 따라 근로관계를 정의하고 노동관계법을 따르는 것입니다.(그 외 인사의 노무관리 참고) 이외에 필요한 사항은 내부 기준은 규정과 제도를 만들고 직원에게 공지하여 직급, 급여, 복리후생, 평가, 성과급, 인센티브 등을 기준에 따라 시행하는 것입니다. 내부 기준을 만들 때, 깊은 고민과 공부로 제도의 틀을 만들어 제도의 변경에 따른 직원의 희비가 교차하지 않도록 조심합니다. (평가/보상의 '자신만의 답 찾기' 참고)

부서장이 하는 일이 없이, 부서 성과에 무임승차해요.

이대표는 화려한 언변과 스펙을 믿고 김상무를 국내영업본부장으로 채용하였습니다. 국내영업본부는 막강한 영업 인프라와 시장 호황 등으로 가만히 있어도 매년 130% 이상은 기본으로 성장하고 있어서 김상무가 시장 1위를 차지하고 새로운 시장을 확대하는 데 기여할 것이라 이대표는 믿고 있습니다. 바쁜 것 같기는 한 데, 김상무는 반기가 지나도록 별다른 아웃풋이 없습니다. 하물며 진행하고 있는 것이 무엇인지 언급도 없습니다.

김상무의 평가를 해야 할 때가 다가왔습니다. 국내영업본부의 매출은 130% 이상 성장하였으나 도무지 김상무가 기여한 것을 모르겠습니다. 영업본부 팀장들에게 물어보면 '상무님이 바쁘시기는 한데, 별다르게 지시한 것은 없다.'는 말 뿐입니다. 본부 성과에 따라 김상무를 A를 주었지만,

여전히 김상무의 성과를 모르겠습니다.

이대표는 김상무를 불러서 국내 시장 1위를 하기 위해 앞으로 계획을 물어봤습니다. 이런저런 말을 하지만, 결론이 없어 답답합니다. 해외는 자신 있다고 말하는 김상무에게 기회를 주기 위해 실적이 부진한 해외영업본부를 맡겼습니다. 해외영업은 국내와 다르게 글로벌 경쟁사가 많고 지역마다 특성이 달라 몇 년째 힘든 상황입니다. 몇 달이 지나 해외지사장들에게 김상무에 대해 물어보니, '부임 초기에 전화로 인사하고 업무 보고만 받을 뿐 별다른 게 없다.'고 합니다.

다시 김상무를 평가해야 할 시기가 찾아왔습니다. 그런데 국내영업본부가 시장 1위를 차지했습니다. 국내영업본부 구성원에게 약속한 전원 S 등급과 성과급 500% 지급을 해야 합니다. 하지만 이대표가 국내영업본부 팀장들에게 물어본 결과 김상무가 한 일은 업무 보고를 받는 것 외에는 없었습니다. 오히려 의사결정을 애매모호하게 하거나 늦게 해서 시장 1위가 더 늦어진 것 같다는 이야기까지 들었습니다. 해외영업본부는 베트남 지사에서 정부과제를 따내서 지지부진한 매출이 수십 배 올랐습니다. 베트남 지사장에게 김상무가 무슨 역할을 했는지 물어보니 대답을 못합니다. 오히려 업무 보고도 잘 받지 않는다는 말을 들었습니다. 이대표는 김상무를 불렀습니다. 베트남 건을 물어보니 모르는 기색입니다. 김상무에게 아무것도 주기 싫습니다.

국내영업본부의 성과를 김상무의 성과로 보는 것이 옳을까요? 이대표는 영업본부의 성과에 맞추어 김상무에게 S등급을 주고 성과급도 주어야 할까요?

유보하세요

　이대표는 김상무에게 줄 평가 등급(이로 인한 연봉 인상분 등)과 성과급을 유보하는 것이 좋습니다. 유보기한은 김상무가 국내/해외영업본부 기여한 성과가 명확할 때까지로 합니다. 기여한 성과가 명확하다는 것은 김상무의 역할과 발휘된 리더십, 이해관계자에게 끼친 영향력 등을 영업본부의 과반수 이상이 인정할 수 있어야 합니다. (설문 문항 구성 후 '그렇다, 아니다, 모르겠다'로 무기명 설문 진행 → 영업본부 과반수 이상의 긍정 응답율 필요)

회사 내 영향력을 알려주세요

　유보 사유와 어떻게 하면 인정받을 수 있을지 그리고 본부장 역할의 중요성과 행동 하나하나가 회사에 미치는 파급효과를 알려주세요. 부정적인 것보다 긍정적인 것을 강조해서 설명하는 것이 좋습니다. 예를 들어 '김상무님이 하는 게 무엇입니까? 말만 번지르르하게 하지 마시고 말을 해 보세요? 그래서 뭐 어쩌겠다는 것입니까?'보다 '본부원들에게 김상무님의 능력을 보여주면 어떻겠습니까? 김상무님이 잘하는 부분이 빛을 못 보고 있어서 안타깝습니다. 내가 다른 부서장 채용하거나 발령 낼 때 김상무님을 기준으로 삼고 싶었으면 좋겠습니다.' 정도로 표현하는 것입니다.

만약 해고를 생각한다면

회사는 직위나 직책을 기준으로 임원을 생각하지만 법원에서는 '사용자 (사업주 등)의 지휘, 감독 여부 등'을 기준으로 임원과 직원(근로자)을 판단합니다. 지휘, 감독은 업무 지시, 근태 관리 등 넓게 해석됩니다.

만약 김상무가 직위가 상무이지만 이대표의 지휘, 감독하에 업무를 수행하고 정해진 근무장소에서 정해진 시간 동안 근무를 했으며, 그 대가로 급여 등을 지급받았다면 근로자에 해당합니다. 이 경우 다른 직원과 동일하게 절차를 거쳐 해고해야 합니다.

김상무가 위탁 받은 업무를 이대표의 지휘, 감독이 없으며 출퇴근, 근무장소 등에 제한 없이 수행하였으며, 위임의 대가로 보수를 지급받았다면 임원에 해당합니다. 임원은 위임계약서를 작성합니다.